图解 精益制造021

丰田现场管理方式

新版　トヨタの現場管理「かんばん方式の正しい進め方」

[日]门田安弘 著　　李伟 李晴 译

人民东方出版传媒
People's Oriental Publishing & Media
東方出版社
The Oriental Press

目录

写在新版发行之际 001

前言 005

第一章　利润的源泉来自制作方法 001

商业利润与工业利润 001

不采取成本主义 002

真正的成本 004

成本因制作方法而改变 005

生产技术和制造技术 006

“不能做到”就是不动脑筋 008

“劳动”与“活动” 009

提高劳动密度 011

效率和能率 013

不被可看到的能率所牵制 014

生产过剩是罪恶 016

彻底消除浪费 021

第二章　丰田的生产方式和基本思考方式 023

丰田生产方式的目的和体系 023

丰田生产方式的特征 028

034　以降低成本为目的
034　条条大路通罗马
036　余力的有无与经济的有利性
037　什么是有效利用
038　高价的机器如果不使用就是损失吗
039　不要追求高速度、高性能
040　积土成山
041　评价尺度的使用方法
043　高效率不等于低成本
044　工作率和可运转率
047　缩短出品时间
048　时间缩短的四个优点
050　一个流生产和搬运
053　批量生产的时间缩短
054　缩短等待时间
055　搬运作业的改善
055　向零库存挑战
056　能否应对变化

059　第三章　平均制造物品的平均化生产

059　工作的高峰和低谷
061　旅游地的礼品店
062　汽车组装生产线
064　联系起各个工程

种类和数量的平均化 064
循环周期 066
以某种齿轮加工为例 067
平均化生产的操作方法 068
物流 070
平均化生产的程度 071
计划也要平均化 077
标准化作业易于组织 079
改变程序操作这一妨碍要素 080
准备和其后的整理是关键 081
转变观念缩短时间 082
努力缩短改变程序时间 083
一次完成式程序改变 085
第四章　准时化与自动化 087
超级市场方式 087
准时化生产 088
后工序去取所需物品 090
人性化的自动化 092
使用者的智慧 093
自动停止 094
停止生产线 096
打造一目了然的现场 097
可视化管理 099

100 待工

101 可视化管理的方法

102 美国西部牛仔式的异常管理

103 第五章 连接丰田和销售商、零件制造商的生产计划

103 销售商和成品制造商的关系

108 零部件交货内部计划示意表

110 零部件制造商的生产计划

121 第六章 布告栏方式的现场管理

121 领取货物布告栏和生产指示布告栏

127 使用各种布告栏的技术

129 布告栏的功能

131 布告栏的六大原则

138 定时・巡回混载方式

139 作为放置场所的储备点

140 满负荷工作系统

142 这种工序也可以应用

144 布告栏数量要少

145 向外订货交易

146 月信息和日信息

148 顺序领取方式

150 储备点的空间和零件的种类及尺寸

第七章　现场实际创建的标准作业 **153**

标准作业的三个要素　153

计算周期时间的方法　155

作业顺序　156

标准持有量　156

标准作业的确立方法　158

关于作业要领书　164

作业指导书和标准作业单　164

作业的组合（搭配、编组）　169

作业者之间的平衡与整体能率　171

标准作业的推进方式　173

作业组合的变迁　174

联结“U”形流水线　180

第八章　利用改善减少工数的推进方式 **185**

首先是熟悉现场　185

作业的再分配　187

从作业改善到设备改善　190

以人为中心进行思考　192

从省人化到少人化　193

减少工时数的做法　196

配置设计的考虑方法　197

改善的实施　200

203 第九章　做好品质安全

203 改善的真正价值在于保证品质

207 检查不产生附加价值

208 在工序中打造品质

209 不要写死亡诊断书

210 自动识别

212 安全高于一切

214 简易的自动化有可能发生事故

216 一触式启动危险吗

218 现场监督者的作用

218 异常管理

222 监督者的心理

223 监督者是全能的

225 第十章　海外丰田的现场管理

225 依据新的劳动协约进行灵活的现场管理

229 及时的外部订货交易

写在新版发行之际

以汽车贸易摩擦为代表，现在日美之间产生了严重的贸易摩擦，正因为如此，日元也随之不断升值。

日元急速升值，导致人们都要核算利润。大家强烈地认识到降低成本的重要性。由此，“丰田生产方式”的真正价值一直在提高，所以我们必须来重新认识一下丰田。

针对这种背景，我们决定对昭和五十三年（1978 年）出版以来就广受欢迎的本书进行全面的改版修订，更新其内容。我们确信，它一定能够为产业界提供些许帮助。

在当今这样一个经营状况不佳的时期，企业很有必要降低成本，形成有竞争优势的体制。同时我特别想强调的一点是，在经济景气的时期，也需要进行准备和积累，并为企业体制的改善做出努力。

这本新书的很多章节都增加了丰田生产方式的最新发展状况，特别是新增加了以下两章：

第五章　连接丰田和经销商、零件制造商的生产计划

第十章　海外丰田现场管理

第五章描述了丰田最近利用计算机生成的计划系统，这是应对顾客多样化需求的一种措施，是一种灵活的生产计划。同时，我们还详细叙述了集团整体的网络化对策。

而为了克服日元升值和贸易摩擦所带来的困难，最近的产业界非常盛行海外生产方式，第十章的内容应该能够适时满足这一类需求。

同时，本书将从以下几个方面进行详细论述：

1. 丰田生产方式的体系
2. 生产时间缩短法
3. 生产平衡的程度
4. 布告牌方式的运用
5. 订购销售的顺序
6. 根据作业顺序的变更来精简职员

除了以上这些增补之外，我们删除了初版中那些已经老旧的内容以及现今不再使用的方法和体系。可是，由于丰田生产方式的理念基本没变，因此，初版中的大部分内容仍被保留下来。

产业界当前的课题是降低成本，我们衷心希望本书的新版能够为解决这一课题助一臂之力。另外，在本书改订之际，不少内容引用于拙著《Toyota Production system》（译《丰田生产系统》，讲谈社），特此注明！

昭和六十一年（1986年）八月一日

筑波大学教授　门田安弘

前言

——初版序言

在最近数年经济持续低迷的情况下，产业界的关注点集中在了“丰田的现场管理”。日本能率协会自昭和四十七年（1972 年）前后起，就在东京和大阪进行了几十次相关研讨和演讲会，每一次都是全场爆满。当然这或许与讲师的阵容有关，他们是以丰田当时的副社长大野耐一为首的、开发“丰田现场管理方式”并进行普及指导工作的生产管理部的管理人员。那么，为什么产业界非常需要这个研讨会呢?

很荣幸，我几次都作为组织人员参加了研讨会，和大野副社长以及各位讲师有过接触，从他们那里学来了不少东西，我感到原因可能是：各个企业对今后社会的经济状况都有顾虑，他们急于摆脱现在严峻的经济态势，力求在竞争中获胜，更想从“丰田现场管理方式”的思想和实践中，探求一些真正的现场管理经验，同时重拾自信。

基于这样的认识，本书以日本能率协会举办的研讨会为基础，参考丰田提供的相关资料编辑而成。我们的出版意图是，希望这本书能成为各级别管理者和工作人员在工作中可以参考的课本，也希望各位业内人士把大野语录作为座右铭去加以实践。

我最初接触“丰田现场管理方式”是二十年前，如今日本能率协会和丰田的密切关系已经相当久远了。特别是关于“丰田现场管理方式”，我自身作为咨询顾问也受到强烈的吸引。去年，我们举办了一个丰田现场视察研讨会，有三十多人参加，为期两天。我们得出这样一个结论：在“丰田现场管理方式”发展的实践历史中，形成了真正的“切实”或者说是“纯粹”的思考方式。让我们来看一看：

经营过程是常有变动的，如何应对这种变化才是企业经营和管理的根本。

为此，企业就需要在变动中分辨什么是异常情况、什么是重点，并在现场中进行实际的、看得到的管理。不要隐藏问题和无益的东西，把它们挖掘出来放到表面，特别是要消除由于生产过剩而产生的一些隐患，无视这些隐患去发展企业是经营的罪恶。

正是这种严峻的挑战，才锻炼了企业的现场应变能力，才有可能避免追求表面的效率，从而真正地去降低成本。

所以，只有实现与附加价值相关的“最大限度的工作”，才是对人的尊重。

可是，这些想法说起来简单，做起来却很难。今天的丰田，也经历了昭和二十四年（1949 年）几近倒闭的危险，经过了二十余年的艰苦经营才壮大起来。期间许多领导者都经历了苦闷、忍耐和努力。

因此，如果您把它的经验作为一个单纯的系统知识去理解，是没有什么意义的。因为，即使一部分管理理念可以模仿，但目前产业界所追求的富于应变能力的真正的现场管理能力，却只能通过企业的现场实践中来实现。

可是，形成现场能力的时间应该是能够缩短的，在这个意义上，如果本书能够对产业界的“真正管理”发挥作用，我们将感到不胜荣幸。

在本书编写过程中，以丰田公司大野社长为首的生产管理部的诸位工作人员，给予了我们热情的指导，在此向他们表示真诚的感谢。最后，我还要提到的是，小会出版事业部的中园雄司主编也为本书付出了宝贵的时间和精力，在此一并致谢。

日本能率协会　常务理事

中岛誉富

第一章
利润的源泉来自制作方法

商业利润与工业利润

丰田汽车在昭和五十九年（1984 年）和六十年（1985 年）分别获得了 2151 亿和 3083 亿日元的收益，这已经成为人们谈论的话题。

对所有的企业来说，获得利润是经营的前提条件，或者说就是目标。 那么到底怎样获取利润呢？

在商业经营当中，一般要在进价上加上一定的差价，形成销售价，从而实现“低价购入、高价售出”。 说到赚钱，大家都会有这种强烈的印象，在报纸上甚至可以看到“赚得太多的企业并不是好企业”之类的报道，那是因为“便宜买入、高价售出形成的企业收益，实际来源于消费者，他们把负担转嫁到消费者身上”。 这是一种反社会的现象。

那么，生产物品后再销售的工业也和商业一样，也是通过购买便宜的材料和零部件等，然后高价售出产品来获利吗?

或许还有人问：只有丰田可以以超低价购买到钢铁和其他零部件吗? 其实并不是那样。 就算是高价出售，难道只要在车上贴上丰田的标签，就能比其他公司的同种车高出5万或10万日元吗? 那样绝对行不通。

也就是说，丰田买入的原料、材料、零部件，还有支付的电费、水费等等都是和大家一样的。 都是在同一个市场上购入，商品的价格也得绝对服从市场。 即使丰田自己要高价销售，实际上也实行不了，因为价钱一高，就难以出售。

不只丰田如此，对于所有的企业都是同理。 那么工业利润从哪里来呢? 其实就是在制作商品的过程中提高的商品附加价值。 商业和工业的获利方法有所不同。

不采取成本主义

如果一种商品低价购入、低成本制作、高价售出，那么利润公式就表示为：

利润 = 销售价 − 成本

另外一方面，采购原料的花销，或者是生产所需费用，加上利润，也可以表示为：

销售价 = 成本 + 利润

这两个公式，或许在数学上是一样的，但是在丰田公司，不采取“销售价 = 成本 + 利润”这个公式。

在工业中有成本主义这样一个词。它的理念是，生产产品需要成本，在此基础上加上适当的利润，就是售价，其公式表示为：

销售价 = 成本 + 利润。

如果贯彻这个成本主义，那么消耗成本是没有办法改变的事情，更何况，在追求利润的这个公式当中，这一成本需要消费者来承担。在这个竞争激烈的时代，这样的做法不一定能发展下去。哪怕你想采用这个公式也千万不要实施。另外，所谓利润就是销售价减去成本，这个公式如何呢？如前所述，汽车的销售价大体上取决于市场，因此，为了能获得利润，就要尽量压低成本，而这一点正是利润的源泉。

大野语录

不要混同价值（value）和价格（price）

对顾客来说，正因为有了价值，产品才会按照某一价格出售。不能简单地认为，如果制造成本上涨，价格自然上涨。如果价格上涨，价值却没有发生变化，顾客估计也就不再买那个东西了。

真正的成本

成本会因理解方法和观念的不同而有不同的解释。

人工费、材料费、油费、电费，还有土地、建筑、设备费用等很多的因素构成了成本。那么，按照实际消耗把上述费用都合计起来，就是成本吗？

“真正的成本”这种说法可能有点奇怪。但是，生产一台汽车必要的人工费实际就是这么多，材料费也是定量，这些应该就是成本。

例如，我们可以来看一看人工费。今天为了生产某种产品，只是对那些必要的东西进行了加工，为此产生的消耗，接近我们这里所说的“真正的成本”，但是如果加工了明天或后天需要的东西，那将会怎么样呢？

制作出来多余的东西，放在那儿不动就会影响工作现场，因此需要把它运到别的地方。这样就增加了搬运的步骤，同时，存放东西还需要相应的空间和适当的管理，还有数量如果一直增加，渐渐地，就需要配备产品出入库房的发票，为此还需成立事务科和工程进行科。所以，一旦生产出多余的东西，由此而增加的工作量和人员是无法预计的。

从事这些工作的人当然也要拿工资，如果作为人工费计算的话，最终这些都将成为成本的一部分。

材料费也一样。如果只拿出今天使用的材料，那么应付今天的工作是没什么问题，但是，如果我们调查一下，就会发现，一般的材料商店都会尽可能存放足够十天用的东西，很多时候，仓库中还会存储一个月或两个月的东西。更有甚者，还存放着半年的用量，这些情况并不罕见。

购买材料要支付金钱，在材料费之外还有利息；保管物品也会有破损、生锈等细节性的情况，结果可能造成材料没办法使用；或者设计有了大的变动，不再需要库存材料；销售额变动也可能造成不再需要材料等，这些都会造成浪费。

这种情况下，那些未被使用或因不能使用而丢掉的材料费也要计入总的材料费，都会成为商品成本的一部分。

大体上来看，成本就是这样，“制作物品真正必要的成本”以外的人事费、材料费等浪费的东西也要被计算在内。

成本因制作方法而改变

我曾经说过丰田不采用成本主义。但是，如果我们深入思考一下成本主义，就会发现，它包含这样的思考方式：不论用什么样的制作方法都不改变成本。如果真的如此，那么不实行成本主义的企业也就难以存活了。

不过，不直接产生附加价值的人工费和没有用上的材料费，会因为改变了制作方法而消失。因制作方法的不同，成本也会有相当大的变化。

丰田总公司的旁边就有生产汽车锻压部件的公司，昭和四十八年（1973 年），它的经营出现了困境，更换领导层后一切从头开始，经过全体职员的共同努力工作，到了昭和五十年（1975 年），公司完全打开了一个崭新的局面。

现在它也是一个收益极丰的公司，但是据社长介绍，国税局的调查员来进行税务监督，问道："为什么在经济形势比较好的昭和四十八年（1973 年）你们出现了赤字，但是在昭和五十一年（1976 年）大环境不好的情况下却有了赢利呢？"社长说："那是我们进行改善、企业全体员工也努力工作的结果。"但是监督员还是半信半疑。这确实是一个"成本因制作方法而改变"、从而使收益也增长的好例子。

生产技术和制造技术

现在，丰田月产汽车近30万台。可是，在昭和二十七年（1952 年），10 个人每月才生产 1 台卡车。昭和三十六年（1961 年），丰田月产量达 1 万台，从业人员 1 万人，大体上相当于每人制造一台。这两三年，月产达到了28万至29万台，在丰田工业与丰田销售两公司合并后，包括总部、名古屋分社（原丰田汽车销售公司）和其他的间接部门，从业人员共有6.1万人，所以相当于每人每月生产近5台汽车。

光算工厂里的员工有3.4万人，相当于每人每月生产8.5台汽车。

丰田在海外也有工厂，同样组装花冠和克罗那，但是，比起在日本，海外工厂要花费五倍到十倍的工时数，即使是同一个丰田，也由于时代和地域的不同有着差别。

这种差别，一部分来源于设备，但很大程度上还是由于制作方法的不同。

因此，常年致力于改善制造方法，可以说就是今天的“丰田生产方式”。

制造产品的过程中有两种技术，一是生产技术，另一个是制造技术。

简而言之，生产技术就是制作某种物品的技术，一般经常用到的“技术”，可以认为就是“生产技术”。

与此相对，制造技术就是充分利用现在拥有的设备、人员、材料、零部件的技术。如果把生产技术看作固有技术，那么制造技术就是管理技术，所以丰田方式指的是制造技术。

“成本因制作方法而改变”，指的就是制造技术。从生产技术方面来提高水平当然很重要，但是，今天无论怎么生产，生产技术都不会有多大差异，能够大幅度改变成本的，是企业对设备、人员、材料的使用方法。

“不能做到”就是不动脑筋

如果你去工作现场，就会看到一些带着白帽子的工长，他们有的是做了30年的组装工作，有的则做了25年的锻压工作，在生产一线，他们是近乎神一般的存在。

机器或者零件出了毛病，工长只需看一眼，就知道毛病出在哪里，并能把它们修复。在一般的作业员眼中很头疼的问题，他们只用小锤子当当地砸几下，就都回到了正常状态。即使是那些具有相当精细度的工程，他们也能很快地指出百分之一毫米或千分之一毫米的误差。他们具有其他人无法效仿的特殊本领。

但是，令人遗憾的是，他们拥有这样的能力，却完全不关心工作的流程。在一条最高记录是一天1.5万件流水线上，如果要做1.7万件他们就会直接拒绝，认为其中有2000件得去订货。制作锻压模型的员工也是这样，每天都能保持做得很好，但是，如果稍微增加工作量，就会出现次品，日程也受到影响，至于什么时候能完成就不清楚了。

这样的情形在一般公司里都会存在，因为一个公司制作模型的技术可能是优秀的，但是掌握全部工作流程的方法和对设备、人员、材料的使用方法，即制造技术却是难以恭维的。

在制作现场，经常会有人说“那不是能力不足，而是人员不够”，但是实际上，很多情况下只要物品的生产流程、配置方式稍微变化一下，不出一个月，原来一直强调完不成的工作就能够完成了，岂止是能够完成，还会出现过剩，甚至应该考虑是否稍微削减一些人员。

大野语录

我们可以进行工时（Man Hour）的计算，但是不能得出“人手不足”、“不能做”这样的判断。工时不是可以推测的，能力可以因智慧的无限而提高。

“劳动”与“活动”

从事工作一般被称为劳动。也有人把劳动看成能让周围的人感到愉快的事情。但是丰田对工作有一个严密的定义：推进工序，提高附加价值。

因此，劳动仅限在推进一项工序的动作、提高附加价值的动作上。

例如，在现场作业中，取东西、放东西、摞东西或者找东西，这样的动作是一种单纯的活动，不可以说是劳动。

一个人拿着薪水，就得来公司工作，如果在公司中总是什么都不做，就会感到不安，这倒并不是因为日本人勤奋。在这样一份工作中，当然会有为了制造产品而真正实施的必要动作、能够推进工序的动作和没有此类意义的动作，而后者就是一种浪费。

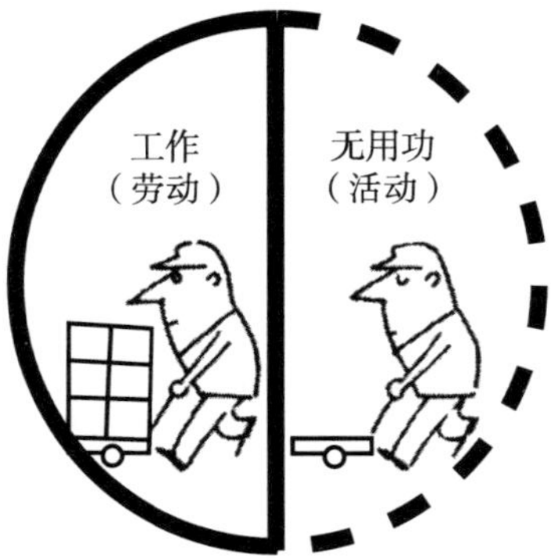

图1－1　“劳动”与活动

其实不论在哪个工厂，我们都能看到这样的情况：作业人员好不容易用滑道或传送带连接起了各个工序，可滑道或传送带之上却放置了两三层物品。如果只放置一个，传输带能够轻松转动，但由于放置了两三层或者传送带上堆得满满的，传输机根本不能顺畅运转，后面的工序想取一件物品是非常麻烦的。

作业人员每取一个物品就要无谓地紧张一下：其他物品有没有掉下去、是否夹住了手指等等。同时，又要花费劳力，这样的工作只会让人感到很辛苦。

我们取东西或放东西，只是把物体的位置稍微改变一下，物品本身不过是离地球的中心远了三厘米或者是近了一米。

如果用这样的思考方式来区别现场作业，那么我们就会明白，以前我们当作工作的事情只有一半是有用的，不论你看到一个人多么繁忙地工作，其中的一半时间都没在工作，他不过是在活动身体而已，这种浪费是不可小看的。

这种浪费的工作状态必须改变!

减少工数，就是减少这个浪费的部分，从而增加劳动的比例，而且，这个和强化劳动完全不同，并不是使图中的圆圈增大。

大野语录

不论你怎么活动也不会成为劳动，劳动要推进工序、完成工作，减少浪费，提高效率。

管理者必须努力把下属的活动转化为劳动。

提高劳动密度

一般来说，提到工时数减少，就会自然和强化劳动联系起来，但是在丰田，劳动密度和劳动强化的内涵有如下

区别:

完全不改善以前的工作，只是增加工作量，这叫劳动强化。 例如，原来每个小时做 10 个产品，现在不改善设备和作业的情况，却要求员工每个小时增加到 15 个。 如图 1－2 所示，圆圈外鼓出的部分就是指这种情况。

与此相对，通过减少工时数进行的合理化操作，就是通过改善，把活动中浪费的部分转变为劳动。

再举一个例子，如果有 5 个螺栓应该完全拧上，但是作业人员贪图省事就只拧上 4 个，或者虽然拧了 5 个，却都没拧紧，这种该做的事情没有全部做到位就叫做怠工。

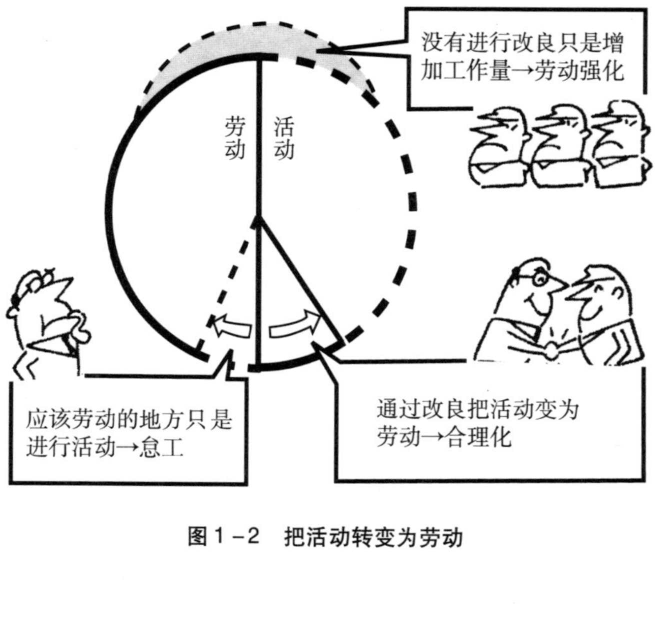

图 1－2　把活动转变为劳动

丰田减低工时数的活动就是消除浪费的活动，使之转变为“劳动”，从总体上减低工时数。而且，这种做法排除了那些不能带来利益和不能推进工序的行动，把人们的能量与工作有效地连接在一起，还体现了对人的尊重。

为公司奉献了自己宝贵的能量和时间的人们，不要把精力倾注在那些不能真正有效的工作上，那样做事没有什么价值。同时，这也与尊重人性的原则不符。如果自己做的事情发挥了作用，人们就会产生价值意识，就会感受到工作的意义，以后也会越发有干劲。

如果工时数减少引起无视人性的劳动强化问题，那就是由于具体做法不够好或者是人们有误解。

按照这种方式来考虑，劳动密度就成了“劳动/活动”，分母是“活动”，分子是“劳动”，而且增加劳动密度、提高劳动效率并不是增大分子，而是使分母变小（除去分母中浪费的部分），它的理想情况是劳动密度为百分之百。

昭和四十六年（1971年），丰田的口号是“减少浪费，提高能率”，这也是缩小分母的一种表现。

效率和能率

在制造业，如果减少浪费、高效率生产，就能比以前生产出更多的产品，那么工作的能率也就提高了。

效率和能率是每天经常用到的一种尺度。但是如果误解了这个尺度的操作方法，不但不会有正确的评价，还很可能在能率提高的同时，成本也有所上升。

不言而喻，效率就是“机器实际做的工作和供给机器的能量的百分比”，它的值不会超过100%。在生产中运用这种思考方法，生产的效率就是“制作某种产品必需的劳动力和制作产品时付出的劳动力的百分比”。

如果生产效率是50%，就表示作业人员付出的劳动力只有一半在制作产品上发挥了作用。同样，80%的生产效率就是作业人员在付出劳力时，有80%发挥了作用。与前面相比，生产效率提高了。

所以，所谓提高生产效率的生产，就是使付出的劳力中的大部分成为制作产品的劳动。

与此相对，能率是比较总产量的一个概念，就是一定时间内几个人制作了几个产品。因为要比较，所以基准很必要，通常以前一个月或前一年的实际业绩为基准，有时也会说“这个月要比标准提高15%的能率”，因此，能率与效率不同，有时会超过100%。

不被可看到的能率所牵制

在一个生产线上，10个人一天生产了100件产品，通过改善后，10个人一天可以生产120件产品，能率提高了

20%，但是果真是这样吗？

我们来看一下能率的算式：

能率 = 生产量/人数

一般说到提高能率，很容易马上就意识到提高分子的生产量。靠增加人数和机器的台数来增加生产量比较容易，但是不增加机器和人员，只通过全体员工努力作业，从而使生产量增加，这才能称得上是生产现场的理想状态吧。对处在高速发展和销售额上升阶段的企业来说，这个想法或许很好，但是，如果企业不是这种情况，该怎么办呢？

如果经济不景气或者销售额减少，生产计划就没有办法改变一天 100 个产量的状态，有时甚至只能减产，一天生产 90 个。即使企业能率可以提高，每天生产 120 个，但在社会大背景下，其实还要剩下二三十个。这其中不光有提前支出材料费和人工费的问题，还有库存管理所需人员和场地的增加，这会对公司造成负面影响。可以说，如果提高了能率却不能有助于提高实际业绩，那就不是改善，只能说是“改恶”。

在这个例子当中，即使必要的数量没有变化或者减少，还是要提高与效益直接联系的能率，该怎么做呢？

在这种情况下，必须把 10 人每天生产 100 个零件改成 8 人（如果每天必要的产量是 90 个，就需要 7 人）生产，这样一来，能率提高，成本也降低了。

这样，同样把能率提高20%，就有两种做法。当然，增加设备台数提高能率比较容易做到，而减少人数提高能率的做法要困难很多。可是，不论多么困难，在如今经济不景气的情况下，企业必须有这种挑战精神。

不改变必要的数量，或者在减产的时候以增加生产量来提高能率的做法，在丰田生产方式中被称为“表面的能率提高”，不会被采用。

大野语录

> 在不能改变必要数量，或者减产的时候，不要采取增加生产量来提高能率的做法（也就是表面上的能率提高）。
>
> 不论实施起来有多么困难，都要向降低工时数、提高能率进行挑战。

生产过剩是罪恶

丰田生产方式的目标是彻底消除浪费。

他们认为“厂家的利润就在制作方法当中”，也就是说，要设法减少浪费，减低成本，但是，浪费有很多种。丰田为了推进减低工数的活动，总结出了7种浪费：

①生产过剩的浪费；

②待工的浪费；

③搬运的浪费；

④加工本身的浪费；

⑤库存的浪费；

⑥动作的浪费；

⑦不良品的浪费。

一般说来，在所有作业现场最常见到的就是过快地推进工作。本来是休息时间，但是却提前做完了之后的工作，所以休息时间也就消失了，如果重复这样的情况，在其后的生产线运行过程中，就会持续出现库存，搬运这些库存物品，一定要安排重新放置的“工作”，那么浪费也就越来越难以被重视。这种现象在丰田生产方式中被称为“生产过剩的浪费”，他们认为这是在各种浪费中最不该出现的。

生产过剩的浪费，同时也隐藏了其他形式的浪费，在这个意义上，它和其他浪费完全不同，其他浪费给改善提供了线索，但生产过量的浪费却掩盖了这些线索，所以阻碍了对作业的改良。

因此，推进减低工数的第一步就是消除“生产过剩的浪费”，也就是说，对整个生产线进行完善，用规则来控制过量生产，或者进行设备上的制约。

只有做到这一点，物流才能回到其本来状态，在必要的时间，只制作必要数量的产品，这样，待工的现象就会凸显出来。如果生产线上都能达到这种状态，就很容易进行减少浪费、再分配作业和减少人员这样的改良活动。

所谓待工的浪费，就是指机器在自动化运行时，人只是站在机器的旁边，毫无实际作用，即使人想工作，机器也都可以代劳，自己反而无法插手。

此外，由于前面工序的原因，零部件没有送到，工作无法顺利进行的时候，当然也会产生待工现象。

如图1－3所示，作业者在1、2、3各个机器上运作，当机器运转的时候，作业者只是无所事事地站在一边，即使想工作也做不了，自然会产生待工。

为了消除这种待工的浪费，可以由作业者A按顺序来操作三台机器的自动运输，把材料放在机器1上之后，按下启动按钮，然后走向机器2，再把材料装置在机器2上，之后再走向机器3，把材料装置在机器3上，再回到机器1。当作业者回到机器1的时候，机器1已经完成了作业，所以作业者A可以马上着手进行下面的工作。这样一来，通过消除待工现象，削减了两个作业者。另外，工作中不需要的无效活动，也应该归入此类进行考虑。

所谓搬运的浪费，就是进行不必要的搬运，或者是把物品暂时放在某处，囤积到一定量再转移到别处。举例说，一般零部件都是由大平板架向小平板架转移，然后多次暂时放置到机器上，最后再进行加工。通过平板架的改良，排除这些暂时放置的程序，一个作业者就可以同时操作两台机器。

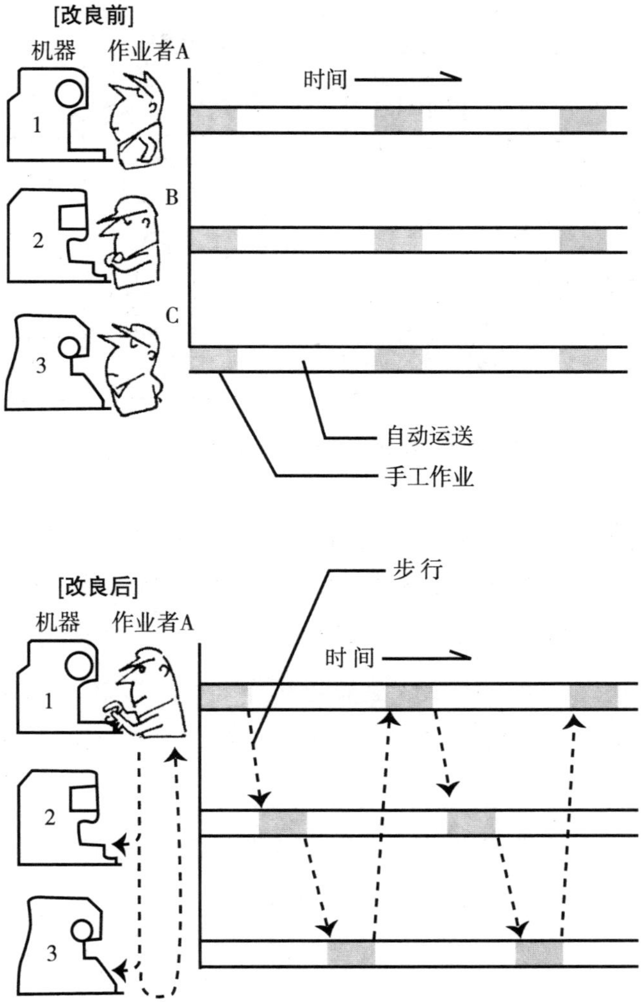

图1－3　改良前后的作业状况①

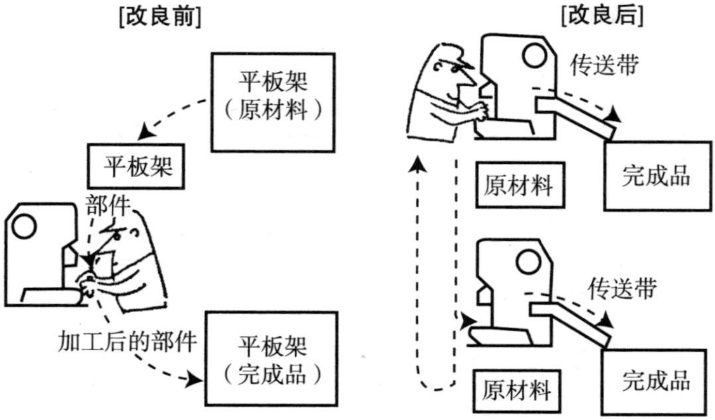

图 1－4　改良前后的作业状况②

另外，从仓库到工厂、从工厂到机器、从机器到工作者的手中，这些不断重复的装卸和转移也属于搬运的浪费。

加工本身的浪费，也可以举个例子，因为治具的导销不完备，可能必须左手夹住治具进行作业，所以加工物品的时候不会很顺手，浪费了许多无用的时间，这就叫加工本身的浪费。

除以上列举的以外，还有库存的浪费、动作的浪费、不良品的浪费等，这里我们不再详细解说。

大野语录

如果对有余力的作业者或者生产线置之不理，一定会提前推进工作的。这样做，许多浪费就会隐藏起来。也就是说，过多的生产会产生无法计数的浪费，比如操作人员过多，材料、动力费用的副产品等都会先消耗掉，还有操作人员的工资，未完成品、产品的利息负担和整理整备，仓库的面积、产品的搬运费等等。

在经济低成长期，过量生产就是罪恶。

彻底消除浪费

能够意识到上述现象属于浪费的管理者很少，大多数管理者都认为那是必要的事情，不明白其实也是一种浪费。

如果一个人不知道哪些现象属于浪费，即使他再怎么努力，也根本无法实现其目标。 因此，重要的是，让所有员工清楚地了解浪费的各种表现。 这是提高能率的第一步。

在各种浪费现象中，有的很容易看清，有的却不容易被察觉，其中，最容易识别的就是待工。

例如，在一个 3 分钟的工作流程中，每次都产生 1 分钟的待工，那么不论是监督者还是工作者本人或是上级管理者，都会知道这个工作时间上有了空余。 但是如果在这 1 分钟内，作业者如同工作般来回活动，想看出它的浪费就稍微有点困难（如搬运、加工）。还有，如果这 1 分钟是用来加工其后程序的产品，那么所有人也都难以发现这里的浪费。因此，这三种浪费有必要都还原回待工的状态。只有如此，才比较容易产生对策。

基于此，我认为重要的是坚持以下几点：

①让作业者牢牢地坚守标准作业，不要做本职以外的事情；

②通过提示公告的生产方式限制工作过快；

③在传输装置上明确工作区，禁止提前动手。

这些琐碎的说明我们还将在其他章节进行，这里最重要的是提示大家，要充分察觉到浪费并且消除浪费，要在第一时间发现它。而且要经常对现场进行整备，以便让浪费更容易被大家看到。例如，在某段时间，只是一个工作流程的库存出现了问题。可是，这些既然都与能率提高和降低成本相关，还是要对这种现象提出质疑，这一点非常重要，因为这可能就是进行改良的突破口。

提高能率是通过消除浪费来达到的。发现浪费的形态，还有其他的方法，但是对主要的几种浪费现象，一定要努力使其显现为待工的形态。这是提高能率的第一步。

彻底消除浪费，是丰田的生产方式之一，也是它利润的源泉。

第二章
丰田的生产方式和基本思考方式

丰田生产方式的目的和体系

●丰田的终极目的是通过降低成本获得利润

丰田生产方式是制造产品的合理生产方式。合理这个词，在这里是指针对创造公司整体收益这一终极目的的有效方法。

为了实现这个终极目的，丰田生产方式以降低成本为基本的目标。降低成本也可以说成提高生产性，为了实现这个基本目标，就要彻底排除生产上的无用要素（过剩的库存和过剩的人员）。这里所说的成本概念非常广，从本质来说，就是为了获得利润而应从销售额中减掉的过去、现在、未来的所有现金支出，也就是通常所说的成本。

因此，丰田生产方式中所说的成本不止是制造成本，还包含销售费用、一般管理费和资本费。

●减少库存使诸多的问题显现

提到丰田生产方式，我们很容易只想到减低库存。但是，减少库存本身直接与利息费用这种资本成本的降低相关联。那是营业外的费用，不意味着制造原价的降低。

通过减少库存，或者使库存减少的活动，使制造现场的诸多问题得以显现，再通过解决问题的改良活动，来削减制造过程中诸多无用的成本消耗。丰田就是利用这种波及效应来降低制造成本的。

例如，消除不良产品的制造成本，取消加工方法和动作、待工、搬运中的浪费部分后，相应的制造人工费也就减少了。

为了降低制造成本，必须减少现场工作人员，针对这一点，我们很有必要好好理解丰田生产方式中降低制造人工费的方法。

●数量管理、品质保证、人性的尊重

降低成本是上述方式当中最重要的基本目标，这个基本的目标要实现，还必须要同时实现其他三个次目标。这三个次目标是:

①进行数量管理，从数量和种类两个方面适应每天或每

月的需求变动；

②进行品质保证，使各道工序只供给其后工序优质的产品；

③要实现降低成本的目标，就要利用人力资源，同时必须提高对人性的尊重。

这里应该强调的一点是，这三个次目标不是各个独立存在的，它们共同对降低成本这个主目标实施影响，最后共同实现目的。

次目标不实现，主目标就不能实现，主目标没有实现，次目标也实现不了，这就是丰田生产方式的特异之处。 这些目标都是同一个生产方式的输出。

也就是说，丰田生产方式把生产性（降低成本）作为终极目标和指导性的概念，同时要实现该方式所指向的各个次目标。

在详细论述丰田生产方式的主体之前，我们先按顺序概括一下这种方式。

在图 2 –1 中，描绘了丰田生产方式的输出以及效果（成本、数量、品质、人性）、输入以及构成要素。

●准时化与自动化

对生产的持续性流动，或者说对市场上数量和种类两个方面需求变化的适应，需要实现两个中心概念才能达到，那就是准时化和自动化。

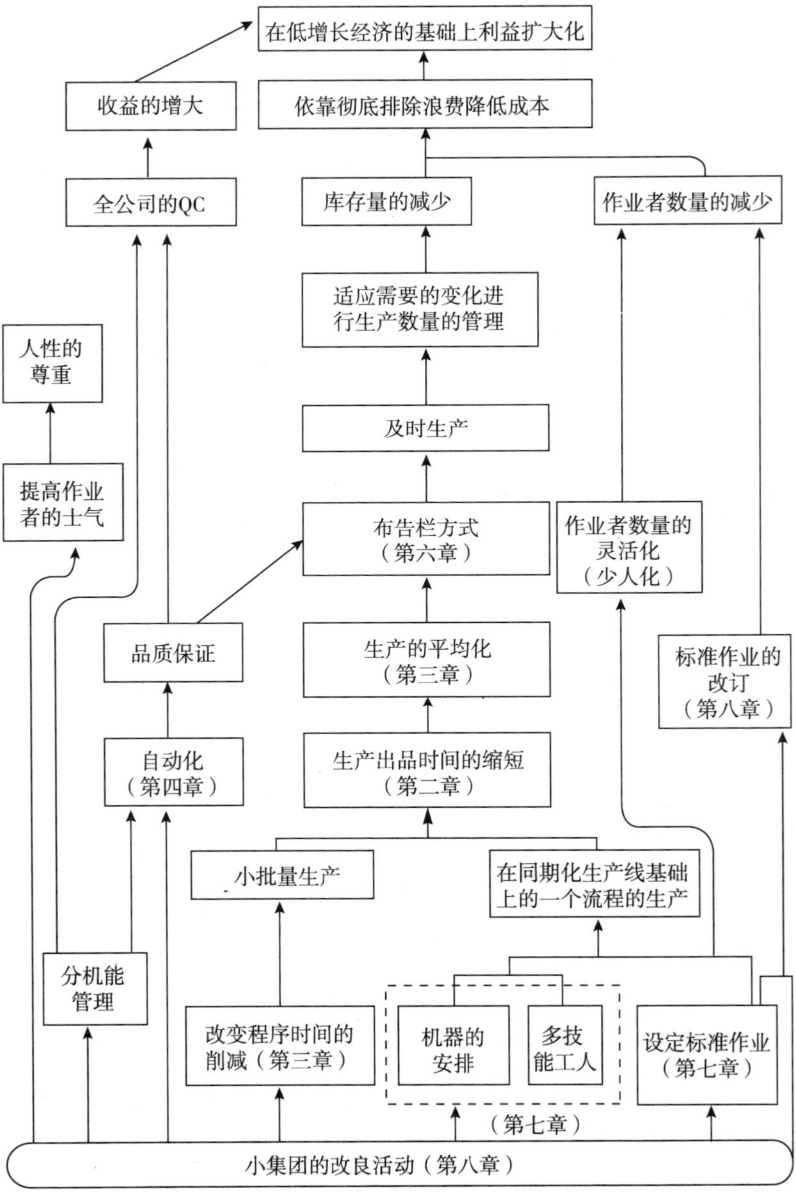

图 2－1　丰田生产方式的体系：成本、数量、品质、人性和各种手段之间的关系

这两个概念可以说是丰田生产方式的支柱。

所谓“准时化”就是在必要的时间生产必要数量的必需品。

“自动化”，大而言之，可以理解为对不符合条件的东西进行自动监视管理的机械装置。 它能够阻止不良品从前道工序流向后道工序，进而扰乱后道工序，以此来支持及时的生产。

●少人化和努力创意

丰田生产方式中另两个重要的概念，一个是适应工作变化，从而灵活变化作业者人数的“少人化”；另一个是靠作业者的提议进行改善活动，也可以称之为“努力创意”。

为了实现这四个概念，丰田采用了下面八种方式和手段：

①维持及时生产的布告栏方式（第六章）；

②适应需求变化的生产平均化方式（第三章）；

③为了减少生产的出品时间而缩短程序时间（第三章）；

④为了达成生产线的同期化，实施作业标准化（第七章）；

⑤为了灵活改变各个生产线的作业者数量，进行“机器的安排”和“多技能工人”（第七章）；

⑥为削减作业者人数，提高作业者的士气，利用小集团进行改善活动和提案制度（第八章）；

⑦为了实现自动化概念进行可视化管理方式（第四章）；

⑧为了推进全公司的品质管理，进行“分机能管理方式”。

丰田生产方式的特征

通过以上论述，我们已经大体理解了丰田生产方式的构成，但是这里我们还应该列举其一些特征，以便全方位地观察丰田生产方式的基本思考方法和根本理念。

●与经营直接相关的全公司的 IE 活动

没有一个适用于任何产品、任何工序的万能制作方法公式。因此，一个产品在某个公司是一个人制作，在另一个公司可能由两个人制作，而在对制作方法一点也不上心的公司里可能是三个人做。

三个人生产一个产品的公司，应该有很多仓库、搬运工具、平板架，还有其他的设备，而且，与之相应的工作人员的工资也会增加，成本就会成倍增长。

如果从这个角度来看，IE（经营工学）对进行企业经营实在是有着重大的影响力。不充分利用 IE 的企业，就好像建造在砂土上的楼房，不堪一击。丰田生产方式当中，把“收益 IE”写在标语上，企业经营也是紧紧抓住可以提高业绩的 IE 进行提高生产的活动。

因此，他们为了能够调动与生产有关系的所有部门，并合理有效地利用，对生产方式有如下思考：

①生产计划平均化

如果只是考虑最终的组装工序，那么组装同一类型的东西会显得很有效率，但是这样却造成前道工序的浪费。

②尽量缩小生产批量

批量生产物品的工序要尽量缩小规模。这不仅是因为库存积累会造成搬运工数增加，还因为时常弄错优先顺序而产生次品，这往往被断定为设备能力不够，甚至再增设生产线。为了使小批量生产不引发能力低下，必须要在改变程序安排上投入力度。

③只在必要的时间生产必要数量的必要产品

这样做的目的是抑制过度的无用生产，以明确现有的余力。

●最重视事实的科学态度

在工作现场要以实际现象为出发点去追溯问题产生的原因，这样才能采取有效的解决方法。也就是说，问题现场最重视的是事实。无论你看到多少数据，想要从这些数据抓住现场的实际问题都很困难。另外，如果已经出现了不良品，再从数据去了解、安排改良措施就太迟了。所以，不抓住产生不良品的真正原因，就难以采取有效的应对措施。只有真正地把握了现场的实际情况，才能在当时就迅速地采取对策、避免不良品再次产生。

因此，在丰田生产方式中，很重视现场数据的收集，但最重视的还是事实。

如果发生了问题，找出的原因不充分的话，解决的对策也就没有什么意义。丰田在处理这种情况时，一般都是把5W1H（5W指what、when、where、who、why，1H指how。——译者注）中的“5W”全部转换到“为什么”，反复问为什么。多次探究之后，就会开始思考“怎么做好”，此时便接近了问题内部的真正原因。在我看来，这个方法极为必要。

为使大家能在遇到情况时彻底实行这个方法，丰田提出以下几个思考方法：

①让每个人都要事先明白问题的所在

了解了问题所在，采取措施也就会比较容易，困难的是找出问题是什么。因此，可以利用告示栏。

②使员工明确意识到解决问题的目的

目的是找到问题的真正原因并解决它。如果真正原因没有找出来，那么对策也只不过是暂时的，不能防止问题的再次发生。

③即使出现一个不良品也要采取对策

即使运行一千次只出现一次错误，也不能忽视。而且要探究真正的原因，防止问题再次发生。因此，低错误率比起高频率地生产不良品，很容易让人忽略。关键是我们要提高警觉。

●实践性的降低工数的活动

要想降低工数，最重要的是其手法的阶段性。因为即使开始你把目标定得很高，实施的时候也得分阶段地进行。其次，高度重视结果。从这两点，丰田就生发出以下的思考方法：

①从作业改善到设备改善

丰田进行改善时强调：首先进行彻底的作业改善，其后再转移到设备改善。

作业改善是一种十分有效的改良方式。但是在作业改善还不完备的时候，就投入高价格的自动设备，这要取得和彻底进行作业改善相同的效果，就要浪费很多金钱进行设备投资。

②工数和人数、省力化和省人化

在计算上，工数可以表达为0.1人工或者是0.5人工，但是现实操作中即使是0.1人工的工作同样也需要一个人。因此，即使把一个人的工作减少0.9人工，结果还是没有降低成本。真正的降低成本是由减少人数实现的。因此，改善工数必须以减少人数为中心。

特别是引进自动化装备之后，假如能节省0.9人工，但是还剩下0.1人工，结果很可能是多投入了金钱却没有减少人数。

以上所说的现象被称为省力化，其实我们在现实中经常碰到。所以，丰田生产方式确认，真正与降低成本相关的是减少人数，称之为省人化，这与省力化大有不同。

③对调查结果进行反思

改善操作结束的时候，就应该是取得与目的相符的结果的时候。但是，很多时候没有取得预期的结果就不了了之。要在现场确认一下实施的结果，对仍然不好的部分进行改良，然后再进行确认，这样才能取得良好的效果。

从这个意义上说，调查不是最终目的，还必须对自己的工作进行反思。

●“经济性”是所有判断的基准

工数减少的目的是降低成本。因此，确认“哪个条件对经济有利”是全部思考方法中的基本因素，这也是一个必备的目标。

丰田实际的思考方法有如下几点：

①设备的运转率由生产的必要数量来决定

虽说工厂的理想状态是高运转率，但是如果每天制造没有必要的产品，那么生产过剩所带来的损失是更大的。因此，只以提高运转率为标准是很危险的。机器、设备的运转率要以必要生产量为标准，这是不容忽视的。

②如果有余力的话进行改变工作程序的练习

在规定时间内没有工作可做的作业者，无论是玩还是进行改变程序的训练，企业所付给的工资都是相同的。因此，如果有余力，企业就要让他们对花费工数比较多的程序进行练习，或者针对那个人本身工作上的弱点进行训练，让他们熟练标准作业。

③主人公是现场

要把现场看成一个有机体。现场不是完全由管理部门控制的细枝末节。企业应该把现场看作主角。所以，工务部不能做现场的指挥官。最重要的是重视现场的自律作用。当出现责任分散、信息不足的现象时，工务部应发挥弥补现场不足部分的作用。

●重视面对变化时的随机应变性

无论计划属于什么种类，由于外在的或是内在的条件都常常会有很大的变动性，因此，如果一味地贯彻不可行的计划，就会生产出不良品，还会产生其他的负面影响。

因此，必须具备随机应变的体制。当外部条件加上内部条件使原定计划不得不变更时，就需要灵活应对，做到了这一点，就可以说称之为一个能力很强的部门。

例如，当公司在减产或者增产的时候，或者因生产线停止等需要计划变更的时候，相关部门并不会乱了阵脚，而是能够从容地处理问题，并且马上制订出一套最好的方案。这样的职业环境，被丰田称作“有自律能力的部门”。当然，对于所有公司来说，这也是一种理想的职业状态。

以降低成本为目的

丰田生产方式的目标是彻底地消除浪费以降低成本，并且提高生产性。 全公司的改良活动必须为降低成本服务。

因此，丰田的一切的思考方法和改善方略，归根结底必须与降低成本相关。 反过来说，所有判断的标准要视能否降低成本来决定。 如果不明确这样一个判断基准，就会简单地认为改善是好事，而盲目开展改善工作只会带来无用的生产过剩。

我们不得不说，投入资金和精力进行的机器设备改善和作业改良，如果仅仅增加了库存，那么投入越多经营越会变得艰苦，是加速贫乏的“改恶”。

不过，即使说要以降低成本为标准，也有两种情况：一是判断题，判断 A 和 B 哪种方式有利；二是选择题，从 A、B、C……数个答案中选择哪个是最经济有效的方式，这两种情况必须明确区分。

条条大路通罗马

企业经常要选择最优方案，比如某种产品是要公司内部生产还是向外订货，加工某产品是要引进专用机还是继续使用现在的老机子等。 这种判断 A 和 B 哪个最好的判断题，可以综合地考虑 A 和 B 哪一个具备更多优点。

我们下面看一个例子，大家来思考一个选择题：从数个方案中挑选哪一个最经济有效。

这是一个减少人员的问题，现在可供选择的几个方法有：引入自动化设备来减少人员；变更作业的组合来减少人员；引入机器人来工作等。那么哪个方案最有利呢？在决定之前必须好好地考察。

例如，假定有一个方案：减少一个人，就要装备10万日元的电器控制装置，也就是说，大体上是用10万日元减少一个人，对于丰田可能是很大的收获。但是，如果仔细检查一下就可以发现，即使不花钱，只需稍微变更一下作业顺序，也同样能减少一个人。相比之下，花费10万日元这个方案不但不能说是成功，甚至是一个失败。因为，并不是有了收获就怎么做都可以，我们要在收益当中，考虑最高收益。选择方案必须用这样的思维方式。尤其是在决定是否引入自动化装备之际，很容易陷入误区，这一点必须要提醒大家注意。

图2-2　目的唯一、手段多样

实现一个目的可以有很多方法。 所以首先要列出能想到的多种方案，然后对一个个方案充分进行综合的讨论，从而选择出最佳方案。

如果在这样的讨论还没有充分进行的时候就实施改善措施，一般只会浪费金钱，这一点我们在实施改善工程的时候必须注意。

大野语录

所有的决定必须遵循两点原则：能否实际地降低成本；能否实际地与业绩挂钩。

余力的有无与经济的有利性

生产能力上有无余力，判断经济有利性的结果是不同的。 简而言之，有余力的时候，使用闲置的人和闲置的机器不会产生新的费用。

●内外生产的问题

很多时候我们需要比较一下，某个零部件是自产还是外包成本较低。 如果内部生产有余力，自己实际生产时，新增加的费用也只有材料费和油费。 因此，如果是从成本比较，不用说，还是自产比较有利。

●待工问题

如果搬运人员在货架装满之前全部在旁边闲置，那么应让他们进行生产线作业或者是准备作业，不会提高成本。把这些工数计算在内，把其看作提高的工数是错误的。

实际生产中这种情况也很多，在能力上有余裕的时候，不用讨论成本得失也很清楚。因此，平常的作业要让余力显现出来，如果余力情况不明确，就会造成选择失误，提高原价。

什么是有效利用

我们经常看到这样的情形，工厂内设备和人员过多，但由于没有工作做，使得设备闲置，员工无所事事。

这时候，机器暂且不说，让员工闲置首先就是浪费，于是，员工就被安排去除厂内的杂草或者擦窗。这是绝对不行的。

工厂大概是想有效利用闲置的人员吧，但是不论他们把草拔得多么干净，窗擦得多么明亮，也不会产生丝毫收益。有效利用，就是在没有工作、不能提高附加价值的情况下，必须对降低成本发挥作用。

这里还有一个例子：某个工厂，工作确实做完了，有很多闲置的人员。 因此，这些人就被安排去工厂内的各个地方处理漏水的问题，平时虽然也注意到了漏水的现象，但是因为太忙顾不上做。 自从这次修理后，每个月节约了 100 万日元水费。 这才是真正的有效利用。

高价的机器如果不使用就是损失吗

我们经常有这样的想法，购买的设备，如果没有充分利用的话就是损失。 机器设备价钱越高损耗就越大，所以一般人就认为，使用率达不到百分之百，就是一种损失。

高使用率固然是理想的，但是如果生产了没有必要的东西，所造成的生产过剩损失更大。 因此，只是以提高使用率为基准是很危险的。 至少我们不能无视，机器设备的使用率是以生产的必要数量为基准的。

另外，丰田还认为，即使拥有了多台设备，人的作业也是中心——而不是以机器为中心。 这个问题和前面所说的是同样道理，即如果在以机器为中心的基础上逐渐生产，就势必会产生多于必要数量的产品，或者使得作业者空出余力。因此如果以人为中心来开展工作，适应生产必要的数量、变更作业组合、运转机器，那么机器的使用率也会恰如其分，当然也不会产生作业者的浪费。

已经投入的费用被称作“埋没费用”。 在投入之后，它便与以后的措施脱离了关系。 对作业进行改善的时候，如果把这个作为制约条件进行考虑，就容易导致错误。

例如，一般认为，高价的机器和高性能的机器如果不充分使用就是一种损失，但是原则上那些机器不论是贵还是便宜，一旦把它置于现场，机器的价格和现场的使用方法就没有关系了。如果此时出现了使用高价机器还是低价机器的问题，那回答应该是，生产经费便宜的是最好的。

不要追求高速度、高性能

汽车的座位要用工业缝纫机缝合，有直线缝制的，有曲线缝制的。当我站在女工作人员旁边听这些声音的时候，发现直线缝制和曲线缝制以及更加复杂的缝制，声音会间歇性地有所变化。

缝纫机过去是脚踏式，现在改作马达驱动，速度非常快，而且就像汽车那样，依靠离合装置的操作不断地提供动力。

不熟练的操作人员，在缝合直线部分的时候没有问题，咔的一声就好了，但是到了曲线部分，就无法跟上缝纫机的速度，发出“咔咔咔”断续的声音。

如果是熟练工，不论直线还是曲线部分的工作，节奏都没有什么变化。直线部分也不是“咔”的一声缝合好，而是“咔咔咔咔咔咔”稍微放慢了速度，曲线部分同样这样缝合。

越是熟练工，离合操作越熟练，也就是说可以人为控制缝纫机速度，按照作业需要的速度进行操作。

工业用缝纫机，很多时候需要缝合比较厚和比较硬的东西，此时的速度不会像原来那样快，但是依靠技术开发，现在速度也在提高，具备了高性能。越是高性能，价钱当然越高。但是，不论用多高的价格买来的高性能缝纫机，在实际作业中，如果由不熟练的人操作，中间常常会被迫停止，而熟练工又会低速控制使用。特意花很多钱买来难以操作的东西，这是很奇怪的事情。因此，丰田全公司都是共同使用速度比较慢的机子，这样一台缝合机的价钱只有高价高性能机子的1／2。

积土成山

维持每天持续工作而产生的无用浪费，也许单看起来很便宜，微不足道。但这恐怕是忽略了其总体的印象。相反，我们经常认为一次消耗很高的费用是一种损失。其实，如果我们核算一下持续两年的浪费而造成的消耗，那数字会高得令人吃惊。很多时候，企业感到进行改善的一次性费用过高（找到更便宜的做法那是另外一个问题），就维持原来的程序，从而继续产生浪费，其实这样的损失才是巨大的。在决策的时候，不要依靠感觉，进行计算是很有必要的。在谈及宣传板设备的费用、谈及增加加班等的时候，这是经常涉及的问题。

评价尺度的使用方法

如果我们有“提高效率百分之几”、“这样做可以提高多少效率，所以是有利的”这样的思考方法，就很容易在不同的目的下做出错误判断。产品的收益率或者是投资收益率这样的尺度，在选择有利的产品和投资方案的时候，经常不能作为参照。

关于运转率，我们已经论及了好几次。这里要提出的是，“运转率降低＝损失”这样的想法是错误的。在必要的时间只是生产必要的东西，这种做法才是浪费最少的。如果只重视运转率，让所有的机器都百分之百满负荷地运转，那么完成品和中间品就会堆积如山，另外，人也需要添置到现在的两倍或者三倍以上，还必须购入比现在多几倍的材料和部件。

如果从收支方面来看，支出恐怕该是现在的三四倍，但是收入却完全没有改变，那当然是有损失了。

因此，我们最好用“必要生产数量”来决定运转率。但是也会有意外情况，在必要的时候，如果机器不能运转，那么就会丧失一些机会，从而增加了加班现象，当然这也是一种损失。

一般来说，用工作成果和劳动力的比率来表示评价尺度的方法，在“效率”和“能率”之外，还有“运转率”、“劳动生产性”、“SPH（Stroke Per Hour）（单位时间内的生产强度）”等词，所有这些都是对是否高效工作进行评价的“尺度”。

用这些尺度来评判工作的成果，必须注意以下几点：

●提高运转率和 SPH 本身不是目的

丰田的目的是降低成本。无视所有的条件而提高运转率，或者提高 SPH，在某些场合会提高成本。例如，为了提高生产线的运转率，即使设备稍微有点故障，如果能坚持运转的话也把那些未完成的中间产品送到各个工序组装，或者为了不受前面工序产生的不良品影响，后面工序自身便拥有所有各个种类的部件进行组装，采用了这种方法，一般运转率就会提高。但是，这种方法一般会提高成本，这也是我过去三十年现场管理的体验。因此，利用这些方法的时候，要经常考虑一下你的方法和目的是否一致，你必须记住，只有把握各种有效条件，才能将其作为“尺度”有效地利用。

●怎样看待能力是极为重要的一点

对于机器设备来说，它的最高能力一般是指机器工作周期（连续工作时间）。从业人员要清楚地了解现在使用的机器能力有多高，同时，必要的话，要有提高能力的意识。对于人，有必要区分劳动和活动。 只是做没有什么作用的活动，不能认为这个人有能力。

●重要的是要充分意识到“更快”这个时间观念的意义

更快的工作只有与拥有更多的工序、利用更少的人相结合时才具有意义。

也有人认为，更快地生产产品就能更多地生产产品，就能提高效率，但有时会造成损失。

高效率不等于低成本

如前所述，提高效率的目的是降低成本，因此，企业把提高效率作为目的是错误的。 高效率和低成本一致，提高效率才具有意义。

例如，我们经常看到把提高 SPH 作为管理目标的生产线。

在生产线后放上生产管理板，写上每小时的生产量。

如果继续这样做，就会使工厂不知不觉陷入一种错觉，认为提高 SPH 本身就是目的。

企业也会为了提高 SPH 尽量减少工作程序的改变，并进行大批量生产。 今天该生产的部分已经完成了，但是还有时间，那么就继续做第二天、第三天的东西。 确实，SPH 提高，人们就会认为提高了能率，所以会有高收益。但实际结果只不过是在它和其后的工序之间加重了库存堆积如山的现状。

这时，要尽可能采用小批量生产，只生产必要的部分即可，这是生产线上需遵循的第一条件。在这个条件下，提高SPH，才能够与降低成本相关。

放弃这个条件而单单提高 SPH，反而让全部工序都降低效率。高效率和低成本常常并不是相等的。

工作率和可运转率

运转率表示的是：在1天工作8小时的情况下，其中有几个小时使用机器生产产品的比率。因此如果某台机器只是使用4小时，那个机器的运转率就是50%。

但是，“运转率”这个词，表示它是为了工作而运转的，单纯的机器运转状态（也就是空运转），哪怕一天当中片刻不停，那么运转率也是零。换言之，我们有必要严密地区别一下，在机器运转的时间当中，有没有无用的运转，有没有包含那些并非为了制造物品而运转的时间，这个和我们前面论述的区别“活动”和“劳动”一样。

因此，丰田不使用运转率这个词，而是在所有的场合都使用工作率。

我们现在可以给**工作率**下一个定义，那就是**“某个时间点实际生产业绩与机器最大限度运转时能力的比率”**。也就是说，A 机器 1 个小时能加工 100 个产品，但是当天的生产是 1 小时 50 个的话，那么它的工作率就是 50%。

而且如前所述，工作率会因每个月的销售量和生产台数而改变，所以销售不好的时候，工作率就要降低，相反，订货多的话就会长时间地加班或轮班，假设一定时间内最大限度工作量是 100，有时还会产生 120% 或者 130% 的工作率。

因此工作率的百分比不是工厂生产的目标，如果看一看丰田的工作现场，就会发现，他们和其他工厂一样是很多机器并列排在一起，但是却有运转的机器和不运转的机器。

据说到丰田参观的人，都曾经听到过这样的话：“丰田即使像这样让机器不运转，也可以获利。”

这就是丰田的工作方法，在必要的时间做必要的工作。

某台机器 10 秒钟可以做 1 个切割的动作，但是如果以 10 秒为间隔从早到晚地不停劳动，那机器工作 1 ~ 2 年或许也就不行了。要是改成用 4 分钟的时间切割 1 个物品，那 10 秒钟后的 3 分 50 秒机器就可以停歇。

与工作率相关，还有一种说法是“可动率”。

可动率是在想让机器运转的时候，机器就能及时正常地运转的比率。也就是说，按一下按钮，机器马上就能进行所需工作的状态。

因此，可动率的理想状态是100%。而且必须以其为目标。为此，必须好好地进行预防保护，事先排除故障，并有必要使改变程序的时间缩短。

这个可以拿自家的汽车做例子。可动率就是任何时候你想开车了，一下子就能顺利地启动发动机，舒服地享受郊外兜风的乐趣。

当然，并不是把周末放松兜风作为单纯的目标，而是说，如果夜里孩子得了急病，大人着急地想带他去找医生，但是如果发动机难以发动，或者轮胎没气了，或者没有汽油了就会很麻烦。

我们非常明白，可动率达到100%是最理想的。

从另一个角度来说，工作率是一日之内开车几个小时的比率，没有人因为终于买了自己想要的一部车，就从早到晚地总开着。当周六和周日一家人去郊外兜风的时候，工作率就会提高，但平常，妻子去购物最多开上一两个小时。还有人上班也不开车，甚至还有一整天也不用车的日子。

任何人都只是在必要的时候才开车，所以，可以说工作率100%是没有任何意义的，如果没有什么事情还是来回不停地开，不但浪费汽油，而且还会很快地出现一些故障，这才是损失。

大野语录

> 工作率就是某一时间，相对于机器所具备的最大限度工作能力的负荷，由销售情况决定。可动率是指任何时候只要想活动了就可以活动的状态，其理想状态是100%。

缩短出品时间

对于工序来说，不论用什么样的机器安排方法和物品流动方法，只要生产的出品时间延长，那么这道工序就不是优秀的。

因此，丰田规定“出品时间包括取得材料之后制成产品一直到获得利润的所有时间”。

假定制作某个产品要花费一个月，但是如果我们好好研究一下的话，就发现实际工序的时间很短，也就是说加工的时间很少，而物品“睡眠”的时间很长。

出品时间一般这样来算：加工时间＋停留时间，但是两者比率常常是1∶100，这确实是一个值得讨论的话题。

出品时间过长，造成的最大问题就是预测紊乱。

如果工作现场没有在三个月前得到信息，那么就不会生产产品，所以必须让顾客在三个月前订货。一接到定购，工

厂就会马上开始准备，

在竞争激烈的业界，在还没有决定合作的阶段就要开始准备材料，如果这个定购跑到了竞争对手那里，所准备的材料就都会搁置在仓库中，

当然这个例子比较特殊，但是三个月的出品时间，就意味着物品要待在公司三个月，这期间，如果要突然改变品种，那些没有用的东西也在公司的仓库中呆了两个月以上，早已经过期了。

这就是说，企业为现场合理化所付出的拼命努力都白白浪费了。

如上所说，出品时间一点也不可以延长。 而且，如果缩短出品时间，就会减少加工作业以外的作业，使得库存减少，许多问题明朗化，现场也一目了然。

丰田曾经在上乡制造厂制订了发动机的出品时间，早上开始铸铁，晚上就能组装成型为汽车，在院子里开动。 这就是丰田的出品时间。

时间缩短的四个优点

适应各种汽车日益变化的实际需要，是及时生产的目的。 在及时生产中，为了将交接零部件可能带来的紊乱控制在最低限度，必须使得每天从装配生产线或供应商那里交接零部件的过程平均化。

另外一点就是，为了每天同时生产出各种零部件，必须大大缩短各自的生产出品时间（从产品的生产指示到完成后交货的时间）。

让生产适应每天的需求变动，这是丰田的一个理想。在追求这个理想之际，还有一个问题，即根据事前每个月的计划在公司内公示的生产量，和按计划顺序写到布告板上的数量之间不一致，这个差异在10%左右。这个不一致是由于每天适应市场变化采取行动而产生的。为了防止因为这个问题而产生库存过剩和劳动力过剩等问题，丰田在接受经销商的订货后，必须马上投入生产。

特别对于供应商，必须在任何时候都能迅速调整生产态势，因为，如果不等待基于丰田的布告板而进行的订货就生产，就很可能有10%的多余库存。换言之，如果布告板发出了订货要求，那么必须有马上开工的能力，反之，在布告板内容出来之前不能着手进行生产。

当然，为了进行快速生产，必须大力缩短出品时间。例如，要这样计划：在上午8点开始铸造的发动机箱，当天就要组装完毕，下午5点，组装完成的汽车要从生产线上出来等等。

缩短出品时间，有如下几个优点：

①丰田可以达成按订货进行的生产，在极短的时间内交出定购的汽车；

②丰田针对每个月中旬的需求变化，给予迅速及时的应

对，所以，丰田的销售部门能让在库的成品车达到最小数量；

③把各道工序间不均衡的生产时间安排控制在最小，同时，让批量生产的规模变小，这样能够大幅度地压缩库存的组装品；

④即使改变生产型号，那时产生的仓库“积压品”也是最小数量。

现在，假设在多工序工厂中进行生产，那么各道产品的生产出品时间由以下三个要素构成：各道工序中加工一定批量产品的时间、各道工序间等待的时间以及各道工序间搬运的时间。

丰田怎样使各要素间的必要时间最小化呢？可以参照图2－3。

一个流生产和搬运

作为缩短出品时间的第一步，丰田把福特生产系统的特征，即利用传送方式形成的流动组合生产线变得更加精细。

福特式传送方式，是指在一定的时间间隔内，一台完成的汽车从最后的组装生产线上离开的工作流程。

这时，在同一个生产线上的各道工序的作业时间加上搬运时间都必须相同。因此，必须划分几条使各车间作业时间相同的组合生产线，以便各个车间的作业同时开始、同时结束。

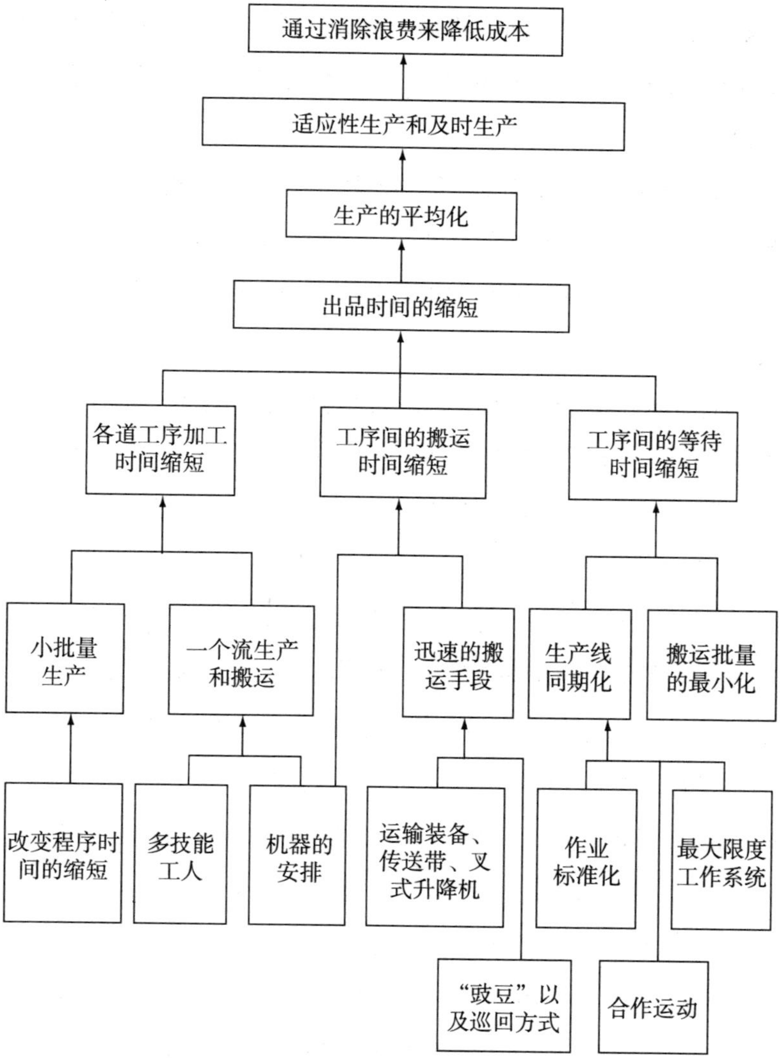

图2-3　缩短出品时间的构想

还有，同一生产线上车间之间的搬运时间也必须相同，也就是说，车间中的搬运时间也必须同时开始、同时结束。在福特系统中，传送带就是为了保证搬运时间相同而使用的。

丰田生产方式的基本理念就是立足于同样的传送方式概念之上的。根据这个传送方式，每个循环周期要完成一台汽车，同时把生产线上各个工序中一个单位的产品送给下一工序。

这里要提到周期这个词，它也被称为节拍、间隔时间、频率时间（流动作业中物品和物品的时间间隔）。它是均一化的作业时间和搬运时间的总计。在丰田，把这样的生产流程称作“一个流生产和搬运”。

一个流生产概念，在现在许多公司的组装生产线生产中是极其常见的。但是制造输送给组装生产线的部件的各个工序一般是批量生产，而且，那个批量生产的规模依然很大。

但是，在丰田，一个流思考方式被推广到了机器加工、焊接、锻压等各道工序当中。还有，即使有不按一个流进行生产的工序，那里的作业也是实行小批量生产。

丰田的工厂靠这样操作，逐渐实现了一直贯彻到最后组装生产线当中、整个工厂一体化的“一个流生产”。

为了实现“一个流生产”的目标，丰田把作业现场的格局改变一新，尽可能地用多技能工人操作多道工序。通过机器的重新安排，使得各个作业者能同时操作数台机器。

例如，在齿轮制造中，各个作业者可以操作16台机器，这与一般作业当中一人只操作一台机器是不同的。在丰田生产方式中，一个人要进行切割、研磨等种类各异的各种作业（这个齿轮加工的例子我们将在下一章详细说明）。

批量生产的时间缩短

为了缩短批量生产部门的生产时间，就必须缩短改变程序的时间。现在，假设改变程序的时间是1小时，生产1个单位的产品的加工时间是1分钟，这种情况下，如果生产批量单位是3000，总生产时间就是51小时（改变程序时间＋总加工时间＝1小时＋1分钟×3000）。

可是，如果改变程序时间是6分钟，也就是缩短到了当初时间的1／10，那么生产批量就能缩短到300单位，为原批量的1／10。

如果反复操作10次300单位的产品组生产，生产时间和生产数量与以前完全相同，也就是说，总的生产时间是51小时［（6分钟＋1分钟×300）×10］。

一般说来，要把改变程序时间缩短到当初时间的1／N，批量大小不改变此工序的负荷量，而减少到当初的1／N。除此之外，还有如下的成效：

一个批量的加工时间缩短到1／N，出品时间也就大大缩短，全公司就能够快速地适应顾客的订货，还有，布告牌的数量也可以减少到 1／N，因此库存量就显著减少。

缩短等待时间

等待时间是各道工序等待前一工序完成产品的时间，这里不包含搬运时间。等待时间中，有些是由于生产在各个工序间没有被同期化而产生的，有些是由于前工序中批量过大而产生的。

这时，为了缩短第一种等待时间，就必须实行生产线的同期化。

也就是说，各道工序中的生产在数量和时间上要相同。生产线上的全部工序中的周期或者间隔应该相同，但是各道工序的实际作业时间因作业者的技能和能力会稍有不同，也会出现一些差异。

为了让这种差异达到最小，作业，更准确地说应该是作业顺序的标准化就非常重要，现场监督者或者部门经理必须训练作业者牢牢掌握标准作业的能力。

另外，为了缩短第二种等待时间，要使得搬运批量达到最小，在这个操作方式中，即使特定产品的批量很大也没有关系，但是产品必须用最小的单位运送到后一工序。

也就是说，即使生产批量是600 单位，完成一个单位的产品后也要马上送往后一工序。

搬运作业的改善

搬运作业的改善可以通过两个阶段来实现，即调整机器安排和采用迅速的搬运手段。

各种机器的安排和调整，不是根据机器的种类，而要适应生产流程来进行配置。即使产品有很多种，也要集合共通或类似的工序进行配置和安排。

其次，为了连接起各道工序，必须使用传送带、升降机等迅速的搬运手段。

向零库存挑战

对企业来说，没有库存是最好的，但是实际操作过程中很难达到这一点。但是企业只能以这个为目标，努力减少库存。

很多企业的管理者都说和以前相比，现在的库存只有以前的一半，再继续减少很困难。但是我却认为，花费很长时间却只是减少到了以前的一半，这个企业是很差劲的。

要向零库存挑战，就要坚持以下做法：

①只剩以前的一半库存；

②通过改善再减少一半；

③改善后再减少一半；

这样持续做下去，库存量会真的减少，而且最终就一定只剩下一两个产品。

也就是说，结果并不是库存中没有一个成品，而是说只有那些很有必要的东西才在库存之列。

本来不该库存的东西一定不要库存，必需的东西绝对不能少，如果能这样区分清楚，现场就会一目了然。

能否应对变化

我经常听到企业的人这么说：改善作业之后，往往多出很多起重装置和货架，余出很多空间。但是这些不能作为改善的结果来评价，因为余下再多空间，也不能提供收益。在这种情况下，有必要向企划部门反馈：在不同的生产方式当中，有些无用的东西会显得很有用，要避免在下次企划的时候犯同样的错误。

企划一般是以现在普遍的情况为基础进行的。因此，如果现在的生产方式中浪费很多，那就会原封不动地转入下次的企划当中，而且，一旦在这个方面投资了，其后即使要改善，也没有办法取回资金，这才是一个很麻烦的事情。

企业要充分认识这样一种关系，平时就要努力营造没有浪费的工作环境，同时，必须把那些更加明了的浪费通知到企划部门，不能有所疏忽。

以上我们论述了丰田生产方式及其基本思考方式，特别谈及了应如何形成一些经济性判断，而这些判断是所有原价降低活动的必要判断基准。最后还必须思考的事情是，经济性会随着外部条件的不同而有所差异。

昨天有收益的东西在今天可能会带来损失，例如，薪金合同，如果从时间合同变为承包合同，那么收益和损失的情况就有了很大的差别。

总而言之，不能失去经常性的灵活态度，要考虑多种条件，看哪个更经济，以此来作为实施改善的基础，这才是最关键的。

第三章
平均制造物品的平均化生产

工作的高峰和低谷

一般来说，在工作现场，物流越散乱越会产生不必要的浪费。因为现场能力不是平均值，而是要适合工作高峰。这种现象在丰田的历史上也有过。

如果工作量在一天当中如图 3－1 那样变化，那么现场就必须使用能够适应高峰期的人员、机器和材料。

但是这样一来，适合高峰期的能力在工作量少的时候会怎么样呢？那就会出现闲置，甚至会出现生产过剩这种最大的浪费。

这种情况在财会部结算的时候也经常会碰到。

在财会部，以一个月或者半年为单位有一个工作高峰，而在工作现场，不一定是在那么大的周期才有一次高峰，经常是每天出现以 1 小时或者 10 分钟为单位的工作高峰。所以，工作人员必须重视这样较小时间单位中的高峰。

丰田的某个合作公司进行喷镀作业，下面就是关于这个生产线的话题。

汽车前顶灯现在都是用树脂做成的，灯框也同样用树脂做成，而且要进行喷镀。这时，一个吊柱上要悬吊 48 个，需要 5 个人来工作。

吊柱的移动时间被定为 2 至 3 分钟，灯框虽然为 48 个，但 1 个人 1 分钟就够了。

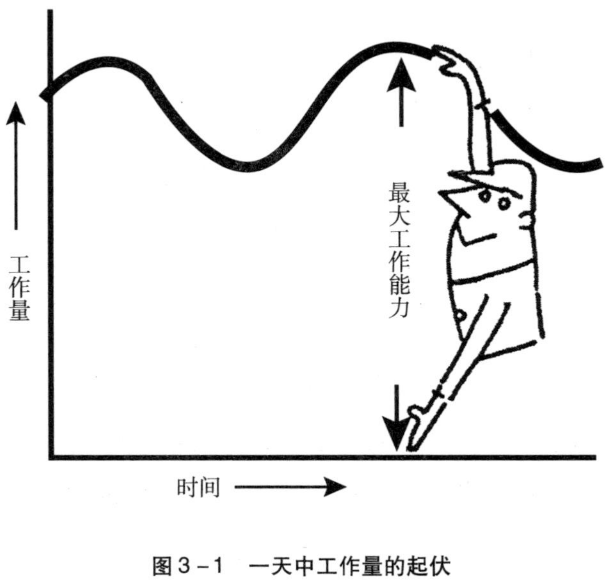

图 3－1　一天中工作量的起伏

但是，喷镀产品中有很小的，如果做二三厘米的东西，在 3 分钟的吊柱移动时间内必须做 3000 个，这样，5 个作业人员无论怎么拼命都是跟不上这个速度的。所以，即使 5 个人是同样的工作，做很小的东西与做大的东西的工作量也是很不一样的。

读者也许说那是肯定的，但是这个困难无论如何也克服不了吗？其实在各种努力尝试之后，就会发现在灯框中留有空间，所以其中可以放一些小的喷镀产品，那么就可以利用这个空间。

也就是说，通过把高峰平均化，也就把作业量平均化了，现在我们做同样的工作只需要两三个人。

旅游地的礼品店

这种工作高峰和低谷的问题，在各种工作中都或多或少存在，很多情况下，企业都是适应高峰期来确定人员和机器。

而且，一般认为，适合这个高峰期的能力是不可缺少的，但是，我们不能不注意到那其中有很大的浪费。

旅游地会随季节而有旺季、淡季之分，在游客来的时候就大忙一阵。根据我们日常的经验，旺季往往会出现停车场不够、厕所满员、食品奇贵等现象，平常 80 日元一瓶的可乐可以卖到 200 日元。

这种现象在游客看来是很讨厌的事情，但是从旅游地的角度来看，一年的经费都要趁这个时期收回，所以必须提高这个时候的收益，出现这种情况是理所当然的。

在旺季之外，这些店就要关闭，商店和停车场等都处于休眠状态，不挣一分钱，也还要交税和其他必需的费用。

对于旅游地的礼品店和饮食店来说，这是无可奈何的事情。但是制作产品并且销售的厂家就不能这样，也是无法被容忍这样做的。这就造成了很多浪费，都转化为成本的一部分，所以也形成了特定的销售价格。如果是这种情况，厂家就不可能在竞争当中立足，这个我们在前一章都已经论述了。

即使是旅游地的礼品店，也是在游客全年平均光顾的情况下销售额更稳定，即使不费劲也能提高经营效率。

把工作量平均化，平均地展开工作，效率才可以达到最好。

汽车组装生产线

但是，如果想要把制作汽车的工作平均化，该怎么操作呢？我们现在来考虑一下组装生产线。

如果每个月组装 2 万台克罗那汽车，每个月工作 20 天的话，那么每天组装 1000 台就可以了。

但是，即使 2 万台是一次做出来的，同一种克罗那也会有很多式样，车型、轮胎、外板颜色等各式各样的组合，一般根据设计可以制造出 80 万种，而且根据现实中人们购买的需要还会有更多种类。

顺便介绍一下，皇冠车的组合数为 25 万种，而花冠车为 1600 万种。

当然，一般在实际中不一定有这么多样式，克罗那一般有三四千种左右。问题是怎么制作这三四千种呢？也就是说，在这个例子当中，每月组装 2 万台的克罗那，就有 4000 种类型，该如何安排呢？

大家首先想到的可能是按照相似的样式集中在一起，比如外板是白色的就把这些白色的放在一起。

这样一来，在很多种工序当中，外板的涂色工序就很方便，因为需要涂的是同一个颜色，所以不用像每次换色那样洗管子，连所持的枪也不需要换。

如果另外再考虑一下整个组装工序的话，就会发现即使外板都是白色的，但是装配的发动机还有 5 种，如果刚好碰到都装同一个类型的发动机，就做的是同一个作业，这样就能防止错误，能率当然会高。

但是，实际上不会这么简单，4000 种类型只组装 2 万台，所以，平均起来一种式样的也只能有 5 台。

实际上，丰田如果一个月生产 2 万台汽车，那么有 50 台同样的已经是最高几率了，按实际的考虑，一个样式最好只有 1 台。

联系起各个工程

制作一台汽车，零部件有3000种，而螺丝和螺母就有3万个。

对这3万个零部件，有没有更好的组装方法呢?

正像我们前面所举的例子，如果只是组装白色的汽车，那么涂料店只生产白色的涂料，生产蓝色和黄色等其他颜色涂料的生产线就闲置了，涂料店的工作就不能平均化。

另外，如果汽车外面是白色的，通常里面是黑色或者蓝色，那么茶色和红色的座位生产线就会闲置，座位车间的工作也不能平均化。

这样一考虑，因为有制作3万个零部件的各个制造公司和相应工序，所以就必须让组装过程中各个零部件都平均化。

种类和数量的平均化

我们前面接触到了由于适应工作的高峰期而产生的浪费，但是如果做单一产品，通过生产计划和工作人员的努力，平均化其高峰期和低谷期，互相支援，无论如何还是可能减少浪费的。

但是，像做汽车这样的多种类、多数量产品要实现平均化生产，并不是那么简单的事情。

让我们费脑筋的是一个普遍的问题，即使在丰田也如此，那就是控制库存问题。不论在哪个生产线上，每天都有工作，都得去订计划。可是，这样每天平均的组合生产线，至少需要有三四倍的零部件库存，就产生了惊人的浪费。

那么怎么办才好呢？

为了实施多种类、多数量产品的平均化生产，不能只是关注量的平均化，还得关注种类的平均化。

如果是前面生产克罗那的例子，一天生产 1000 辆车，除了这个数量要求外，还要对发动机、机身、外板色、内部物品等种类不同的部件分散组合。

参观过丰田生产线的人，就会发现这个生产线里有红色的克罗那，另一个生产线里也有红色的克罗那，于是就产生一个疑问：为什么不把红色的都集中在一起呢？丰田这样做的理由是，为了种类的平均化。

如果在一个流程中只是做红色的座椅或内装，那么这个生产线就可能在上午忙得不可开交，但是下午却无事可做。

即使是发动机，也要把 2000CC 和 1800CC 的按所需比例进行配置放入，出口的左方向盘车和国内使用的右方向盘车也按照使用比率交互放置，应该是每两台中放入一个左方向盘的车。

这样处理，到了末端工序，就没有工作的高峰和低谷之分了，实现了全部工序系列的平均化生产。

在丰田生产方式当中特别强调这样的数量和种类的平均

化，这种平均化生产是消除浪费的大前提。

只有实现了最终工序的平均化生产，“布告牌方式”才能成立。

循环周期

如果实行的是既针对数量又针对种类的平均化生产，就产生了一个问题，即以什么为基准实现种类的平均化呢？

时间安排对所有的工作都非常重要，这一点做不好，企业就很有可能因过了交货期限而被取消合同，或者过快生产造成生产过剩，出现很多库存。

生产汽车不是打棒球，但是也会有最佳进球时间。如果错过了，那就只有出局。

实际上决定这些时间安排的，是顾客。

如果现在克罗那每个月销售 2 万台，20 天中就必须每天生产 1000 台，那如果一天工作 8 个小时，就是 480 分钟生产 1000 台。

480 分钟/1000 台 =0. 48 分钟

也就是说，只有 0. 48 分钟生产一台汽车，才能赶得上顾客的需要。这样的话，不论是零部件还是产品，每个用多长时间制作就是一个很重要的问题，它就叫做生产周期。

生产周期是制作产品的必要条件，决定它的是顾客，也可以说它由销售情况来决定。 而且，只有按照生产周期来制作产品才能消除过剩生产的浪费，才能提高一种真正的效率，而不是表面的效率。

以某种齿轮加工为例

在丰田总公司工厂的某个现场，一个人可以管理16台机器进行齿轮加工。

如果是自动织布机这类具有同样作业任务的机器，这种现象还不让人吃惊，但是，这16台机器各自做的分别是研磨、切割等不同的工作。

我们来观察一下，作业人员拿起从前一工序中传来的一个齿轮，放入最前面的一个机器当中，同时，马上拿起这个机器中加工好的一个齿轮放人传送带，齿轮就滑向下一个机器，这时作业人员应该转向第二个机器，但是他按下第一个机器和第二个机器中间的一个按钮，马上第一个机器就开始运转了。

同样，在第二台机器上实施同样的操作，然后移向第三台机器，边走边按按钮，第二台机器也开始运转。

以下的工作则重复刚才的过程，把16台机器操作完正好需要5分钟，也就是说，5分钟16台机器工作一遍就完成了一个齿轮。

如果只是大量并且快速地生产这种齿轮，16台机器就需

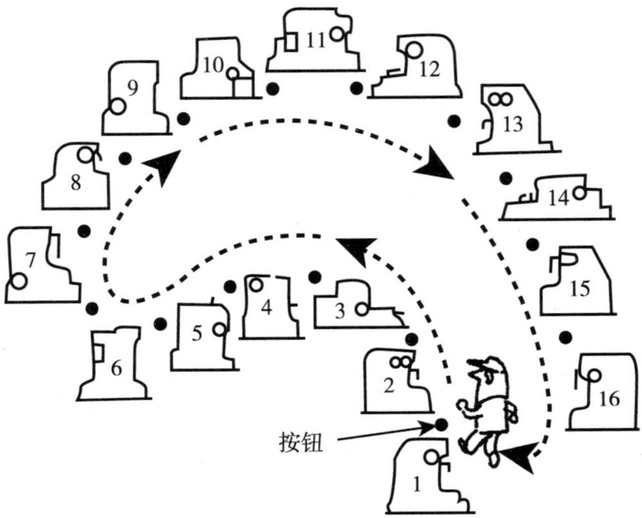

图 3 – 2　循环周期

要每台都有一个工作人员，单纯计算的话，生产一个齿轮只需要 18 秒。但是，使用这些齿轮的汽车是 5 分钟出品一台，也就是说齿轮的生产周期是 5 分钟，当然不需要 16 个人在这里。

5 分钟生产一个齿轮已经足够了，完全没有必要运行得那么快，使用那么多人手。

平均化生产的操作方法

上面我们明确了制作产品的必要条件——周期，那么实现平均化也就很容易了。

一般来说，克罗那有 80 万种式样，但是为了简便地说明平均化，现在只把克罗那分成 A、B、C、D、E 五种。

这五种的必要数量（生产量）和生产周期见图 3－3。

		月	日（480分、工作20日）	周期
A	车	4800台	240台	2'
B	车	2400台	120台	4'
C	车	1200台	60台	8'
D	车	600台	30台	16'
E	车	600台	30台	16'
		9600台	480台	1'

图 3－3　五种式样的必要数量和生产周期

如果用一个简单公式表示那就是：

生产周期＝一天的工作时间/一天的必要数量（个）

我经常看到弄错生产周期计算法的生产线，所以请大家务必记住这个公式。

用现有的设备能力和工数来计算生产周期，也就是根据目前的设备能力、现有的工作人员计算一天能制作几个，从这些数据算出生产一个需要多少时间。

这在丰田生产方式的思考方法中是完全错误的。 从一天需要的必要数量算出正确的生产周期，除以人数，就能够用最小限度的人员从事作业。 如果用现有的人去最大限度地工作，基本上都是能力过剩，会产生生产过剩的浪费。

物流

决定了如上所说的生产周期后，我们怎么实际进行流程操作呢？

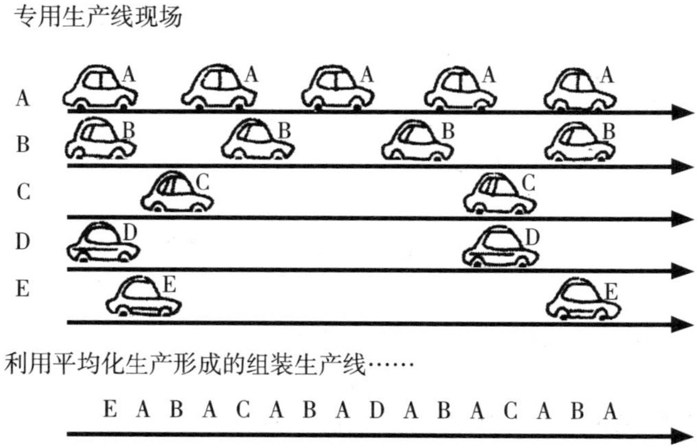

图 3 -4　生产线的流程操作

如果从 A 到 E，各自用各自的专有生产线，那么就像图 3 -4 所示的那样，A 生产线每两分钟传送一辆车，E 生产线上每 16 分钟可以组装好一辆车。

如果把这 5 个专用生产线组合在一起的话，就应该是图 3 -4 下方的那条直线的流程。 实际上丰田的组合生产线就是这样，即使是看起来同样的克罗那，也是颜色各异，有双门或者四门的、左右方向盘的也都混杂放在一个生产线上。

这样就不仅实现了数量上，也实现了种类上的平均化。同时也保证了与此相关的前面工序的平均化。

也就是说，反过来考虑，图 3－4 中专用的生产线 A～E 或许是零部件工序，或许是装配工序，各自都有专属工作，也能够进行平均化的工作。

平均化生产的程度

●平均化生产的意义

平均化生产，要尽可能地降低在最终工序中即产品组装生产线上每天的生产量高峰，同时弱化低谷期，使得流程趋于均衡。 它的意义有：

a. 使最终工序即组装生产线的计划期（例如一个月）在单位期间（例如一天）的生产量差异变小；

b. 尽可能缩小批量，使各种产品流动生产；

c. 最终理想是一个流生产和搬运。

这些意义用下面的例子说明。

●生产顺序和生产周期

假设在某个组装生产线上，产品 A 每个月的需要量是 8000 个，产品 B 是 4000 个，产品 C 是 2000 个，产品 D 是

2000 个，一个月工作 20 天，一天实际的工作时间是 400 分钟，各个产品的组装时间是 0.5 分钟。

在这个前提下，这些产品的流程有以下四个方案，由此我们来考察以上 a. b. c 的意义。

［方案 1］：

各个产品的投入顺序是，需求量是 8000 的 A 产品从第 1 天到第 10 天持续生产，需求量是 4000 的 B 产品从第 11 天到第 15 天生产，需求量是 2000 的 C 产品从第 16 天到第 18 天生产，需求量是 2000 的 D 产品从第 19 天到第 20 天生产。使用这个方案，我们来考虑上述意义中的 a，也就是说，这个方案是指一天的生产量有大小差别的情况。

如果用上述的各自工作天数来平均化各个产品的每月生产量，那么每天的生产量如表 3－1 所示。

表 3－1　周期变动和不变动的情况

产品类别	生产日期	月产量	日产量	周期变化		周期固定（＝0.5）		
				周期	物流	日负荷时间	加班时间	负荷率
		个	个	分	个/分	分	分	%
A	1－10	8000	800	0.5	800/400	400	0	100
B	11－15	4000	800	0.5	800/400	400	0	100
C	16－18	2000	666	0.6	666/400	333	（67）	83
D	19－20	2000	1000	0.4	1000/400	500	100	125

在表 3－1 中，各种产品的日生产量，以很大批量按顺序生产。因此，如果周期不变，也就是说不进行作业员的再配

置和工序的再安排，就很有必要提前工作或加班。例如，一部分 D 产品要在第 16 天至 18 天之间提前生产，或者第 19 天和 20 天要加班 100 分钟进行生产等。

下面，我们考虑一下将生产批量降到最小限度，这是生产各种产品的第二方案。此时，我们还是假定各种产品的每月生产量也是每日平均化地进行生产。

此时的生产顺序，有下面两种情况：

［方案 2］之①：

全部生产完某个特定种类的产品之后再进行其他种类的生产，也就是说连续生产 400 台 A，其后连续生产 200 台 B，其后连续生产 100 台 C，最后生产 100 台 D。

［方案 2］之②：

分割了以上各种产品每次的生产量，使批量变小，例如，把（AAAA、BB、C、D）作为一个循环周期，一天之内反复生产 100 次。

［方案 3］：

各种产品完全打乱，进行一个流生产和搬运。这里仍然要假定各个产品的月生产量由每天均等生产来完成。例如：

（ABACABAD）

（ABACABAD）

按这样的顺序，把各个产品一次生产的批量单独规定，每天生产 100 次。

●投入顺序和产品的流动方式

上述方案2中的①和②以及方案3，日生产量都相同，所以每个操作方法的生产周期也一样，只是产品的流动方式是不同的（参照表3－2）。

同样一种产品一次投入的批量越小，每一批量的产品所需要的生产时间也就越短。各个产品的组装时间大概是0.5分钟，因此，对于A产品来说，方案2①中的批量所需的时间是200分钟，方案2②是2分钟，方案3是0.5分钟。还有批量与批量的时间间隔也变短了（参照表3－3）。

表3－2　根据投放顺序的不同形成的产品的流动方式

产品	月产量	日产量	周期	产品的流动方式		
				方案1	方案2	方案3
	个	个	分	个/分	个/分	个/分
A	8000	400	1.0	400/400	4/4	1/1
B	4000	200	2.0	200/400	2/4	1/2
C	2000	100	4.0	100/400	1/4	1/4
D	2000	100	4.0	100/400	1/4	1/4
合计	16000	800	0.5	800/400	8/4	8/4

表3－3　根据投放顺序的不同确定生产时间和分批间隔

	批量（个数）			各批的生产时间（分）			各批的间隔（分）		
	方案2－1	方案2－2	方案2－3	方案2－1	方案2－2	方案2－3	方案2－1	方案2－2	方案2－3
A	400	4	1	200	2.0	0.5	400	4	1

续表

	批量（个数）			各批的生产时间（分）			各批的间隔（分）		
	方案2-1	方案2-2	方案2-3	方案2-1	方案2-2	方案2-3	方案2-1	方案2-2	方案2-3
B	200	2	1	100	1.0	0.5	400	4	2
C	100	1	1	50	0.5	0.5	400	4	4
D	100	1	1	50	0.0	0.5	400	4	4

我们再来以A产品为例，批量与批量的时间间隔分别是400分钟、4分钟、1分钟。其他产品以及不同的产品间的关系也是相同的。

每批产品所需要的时间和批量与批量的时间间隔短，有如下优点：

a. 针对市场需要，供给的出品时间变短；

b. 利用小批量以及一个流生产和搬运，工序间的未完成品和完成品的库存得到削减。

●决定投入顺序

前面所叙述的方案1和方案2中①的投放顺序可以说是“改变生产线的生产方式”（也被称为“间歇式组装生产线”）。但是方案2中的②和方案3可以称为混合产品生产线方式。混合生产线上产品投放顺序的确定有下面两个目的：

a. 不让作业推迟；

b. 使得零部件消费量的差异变小。

为了实现这个目的，丰田采用了实施顺序计划的简便方法即“目标追踪法”。

●平均化生产的优点和问题

［优点］：

a. 零部件的使用量稳定。组装生产线的零部件使用量是一定的，因此从前一道工序（装配生产线）提取零部件的量也是一定的，而且向各工序以及承包商交付的生产指示量（取货指示量）也不会有太大差别。

b. 各工序以及承包企业的生产负荷率比较稳定，容易计划劳动力和机器设备，可能实现效率化。

c. 产品和半成品的库存减少。

d. 通过一个流（或者说小批量）生产和搬运，一个产品（或者说一批产品）的出品时间缩短，提高了应对市场小幅度变动的能力。结果使其生产能够接近定购生产。

［问题］：

a. 不同产品的作业多少有些不同，因此，事前的训练很重要，实际作业中，很容易有错误的动作和拿错零部件的现象。

b. 对不同产品作业通用的机器和工具等很必要。还有，最好引入应用 FMS（flexible manufacturing system：弹性生产系统）和 GT（group technology：成组技术）的生产机器配置和技术。为了实现这些手段，需要一些技术和资金，这有时会超越一般中小企业的能力。

c. 与前工序相对，小批量生产中的频繁的物品取用是必要的，为了让库存和出品时间缩短，所在前工序中也有必要进行小批量的生产，从而缩短程序的运行时间。

d. 市场需求变动很大的时候，让生产量对其适应是很困难的，例如，丰田每个月的内部生产计划中注明的计划数量，和从布告板上以及顺序计划表得来的对每天生产进行指示的月实际生产指示数量之间有差异。当这个差异很大的时候，就有可能对承包企业产生很大的影响，丰田对这个问题采取了如下对策：

①丰田把上面提到的差额控制在每月计划量的±10%以内，这样，让合作企业可以接受此程度的差异；

②丰田约定，如果要结束某种特定类型产品的生产，必须事先通知合作制造厂，并对可预估的损失进行补偿。

计划也要平均化

平均化生产就是要让工作的高峰和低谷平均化，避免生产过剩、工序的过快推进，这就创造出了平均化工作状态。此外，实际上还能产生一个非常重要的作用。

那就是很容易进行生产计划的变更，而且现场很容易适应计划的变更。

例如，某个生产线上每天生产 100 个物品，现在要调整到 105 个，那么即使不考虑改变生产能力等问题，也能够完成调整。

但是，如果从每天生产 100 个突然增加到 150 个，那就不太好办了，必须要加班，还会出现人员不足，甚至还要引进机器……总之很麻烦。 如果这样情况的持续时间很长，就要真正地增加人员了，或者向外订货，不能马上应对变化。

可是，如果我们稍微考虑一下生产计划，就会发现所有地方都在做很无聊的事情。

某个工厂 1 月份每天生产 100 个零部件，2 月却要生产 120 个，这个信息一般在 1 月 10 号左右就能知道了。 公司通常会制订 2 月份的生产计划，开会、制成文件，直到 1 月 20 多号才发给工作现场。 有的时候尽管知道 2 月份增加两成，3 月还是增加两成，此变更的讨论也会一直保留到公司内的生产计划会议日期，到跟前又会措手不及。

事务部门不可能在现场应对这样的变化。 很多时候企业都被自己的规则缚住手脚，使自己不能应对变化。

因此，即使生产计划变更，如果工厂在 1 月 10 号知道了 2 月要提高 20% 的生产后，在第二天 11 号就让现场生产 105 或者 108 个，然后逐渐增加生产，用这种方法，就不会让现场有大的麻烦。

所以，为了实现平均化生产，必须使计划也平均化。

标准化作业易于组织

工作标准化很重要。但是即使要实行标准化，如果作业本身不能达到某种程度的稳定状态，标准化也是很难的，即使暂时标准化了，实际也不会发挥作用。

“改善的第一步在标准化”，没有标准就没有改善。

因此，实行平均化生产，就能用同样的思考方式一直进行标准化作业，一直到最末端的生产线。这也是实现平均化生产的重要目的之一。

首先就是平均化生产产品。算出生产周期进行标准作业，而且不断推进这个改善。这才是最基本的。

提到丰田的“布告栏方式”，那是一种循环系统：只有使用的部分摘掉布告板，到前工序只取这一部分，前工序只制造要被取用的部分。

对此我们常听到这样的声音：“那是比较方便的做法，即使是向外订货的部件，也只是把必需的数量写在纸上，这样就会准确地得到送来的零部件。”布告板方式成功的条件就在于，前面所说过的平均化生产是不是在最终工序上都很好地被实行了。

如果最终工序不实行平均化，只是贴上布告板，通知对方拿来需使用的部分，对方就会像受到突然袭击一样不知所措。

一个工厂今天生产 50 箱，明天没有生产，后天生产 150 箱，甚至连什么时候再生产都不知道，就只是在布告板上写出这些数量需求，接到布告板的人，肯定会手足无措的。

如果不是每天按照同样的方式、同样的间隔、基本相同的数量进行后工序，布告板方式就不能成立。

改变程序操作这一妨碍要素

进行平均化生产的时候，最易成为瓶颈的是改变程序。

改变程序通常被认为要花费时间，为什么呢?

实际上，操作者没有迅速改变程序的意识是最重要的原因。

这样说是因为，有些地方竟泰然自若地通过八小时来改变程序，即使没这么严重，也需要将近一个小时。而且很多地方以这种放任自流的程序改变为前提进行设备调整。这就使平均化生产和改变程序由配合走向了对立。

在生产现场，要尽可能使生产批量小规模化，这也是丰田生产方式的一个特征，但如果改变程序的时间增加，无论如何批量都要变大。因为人们认为，批量增大才能弥补改变程序带来的损耗。但是，这样就要产生因过度生产而造成的浪费。

另外，从产品适应顾客的订货而进行生产这方面来考虑，抱怨程序改变过多，就相当于发牢骚说：顾客为什么不只订一个种类的呢?

从这方面来看，改变程序的时间必须缩短。

准备和其后的整理是关键

缩短改变程序的时间，不是那么难。

简而言之，事先可以准备好模型和夹具工具，改变程序后的模型和夹具工具在机器开始运转之后要进行整理（彻底的外部程序改变）。

这样，改变程序就集中在了机器停止才能完成的动作上，有可能大幅度地缩短时间（内部程序改变）。

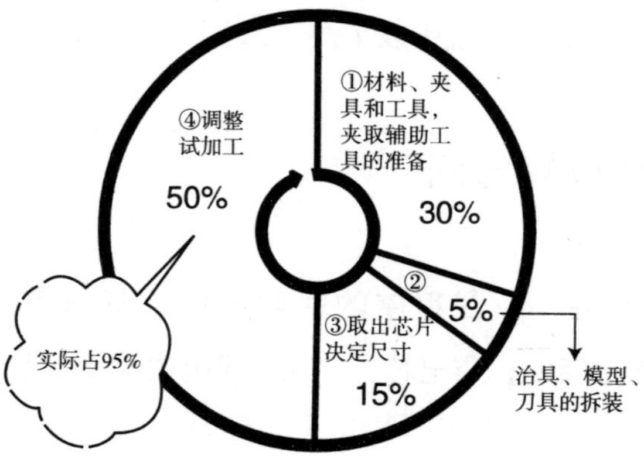

图3-5　改变程序的时间

还有，如果使用道具，要参照改变程序的使用顺序说明，按照每个机器的需要进行恰到好处的处理，这个时候，经常疏忽的是材料如何安排。 只是注意改变程序本身，程序固然能加快，但是却因此而常常忽略了主要的材料。

这些准备和筹备安排，通过作业改善就能完成，在实际操作中，利用现场的智慧和努力就可以解决了。而且，要把这些顺序标准化，必须写成标准书。其后，反复操作，反复训练，才有可能缩短时间。

这个训练和各个公司的消防活动相似，在消防训练中，消防人员 2 分钟以内做好防水准备是很容易的，但是要牢牢遵守一定的顺序，而且几个消防员要分担任务，不能有一点人力的浪费。

丰田就是学习这种方式，在大型设备的改变程序中，把专业工人编成程序班，七八年前用 3 个小时进行的工序改变，现在只要 3 分钟就可以了。

转变观念缩短时间

一般说来，改变程序的时间可以这样分配，准备占 30%，拆装占 5%，拿出芯片、决定尺码占 15%，调整调试加工占 50%。

事前明确地整理一下，清楚哪些是停止机器进行的内部程序转换，哪些是不停止机器进行的外部程序转换，尽量把内部程序外化，按顺序做，就能缩短时间。但是，改变程序时间的最大麻烦实际在于调整调试和加工的时间。

而且调整的主要时间往往比 50% 还要多，甚至可以占据整个改变程序时间的近 95%。

在操作过程中，好不容易取出了芯片，决定了尺寸，方便的话就可以进行加工了，但是突然发现问题要从头做起，去取完全不同的型号，再取出芯片，决定尺寸调整调试，更有甚者，因为加工调试却产生了废品。

因此，有必要改变以前的那种连改变程序都要消耗时间的固定观念。

努力缩短改变程序时间

我们列举出丰田改变观念之后缩短改变程序时间所做的几种努力。

●配色

每次改换程序时，将安装或拆卸的工具和螺丝按颜色分开，这样就不会弄错。动作也会迅速得多，而且很容易操作。

即使用的螺丝有大有小，如果螺帽按同样的大小、形状分类，工具的更换也可以节省时间。

此外，配色方法还可以用在软管以及压力调节柄上。

●预热

拉模铸造机等可以利用附属于它的保持炉的排热设施进行预热，这样时间短，而且还有效利用了其能源。

●锻压模型

锻压模型有很多种，作业者只要统一型号的高度就可以了，不用调整冲程，可以加垫、安装止动器来取消调整。

●不使用起重装置

在手推车设计上下工夫，以便搬运2.5吨的模型，可以不用起重机和升降机等工具，而是用手来推进或者拉出。当然在准备阶段，还是要使用起重机。

●辅助工具的运用

如果直接把模型和刀具安装在夹盘上，会花费很多时间，为此，外部程序要事先安装辅助工具，这样内部程序就能一下子安装在机器上，时间就会缩短。这个方法即使对拿出车刀的操作也很有效果。

下面所摘录的，是某制造科长为了缩短改变程序时间而采取的行动指导方针，您可以把它作为一个核查清单来参考。

某制造科长的指导方针：

①缩短程序的目的

a. 愉快作业，简略化，管理简易化；

b. 安全作业；

c. 稳定质量，标准化，降低成本、库存。

②程序作业的顺序

a. 程序作业的顺序是否标准化；

b. 作业内容中是否出现浪费、不匀或者过度；

c. 是否真正明白必要的作业内容；

d. 替换的模型、工具、标尺等必要的东西是否在外部程序当中准备好；

e. 必要的东西是否放在手可以够得到的地方。

③缩短程序的着眼点

a. 有没有多余的取下的部分；

b. 合适的工具是否都具备；

c. 有没有让工具的种类减少；

d. 这么做、调整有没有必要，怎样做能够取消调整；

e. 是否弄丢螺栓；

f. 能否一次就完成；

g. 部件能否替换得好；

h. 能否标尺化；

i. 通过专款变更、工序变更、设计变更能否把程序的内容简略化。

一次完成式程序改变

如果您面对的是好几台机器，锻压、弯曲、焊接、打孔等连续进行的各个工序，要怎样改变程序呢？ 也就是说，这是一个多工序设备的程序改变的问题。

例如，现在正在加工 A 零部件，接下去要加工 B 零部件，四台机器全部加工 A 结束之后，才改变程序再去加工

B，那样做是不行的，因为那会花费很多时间。

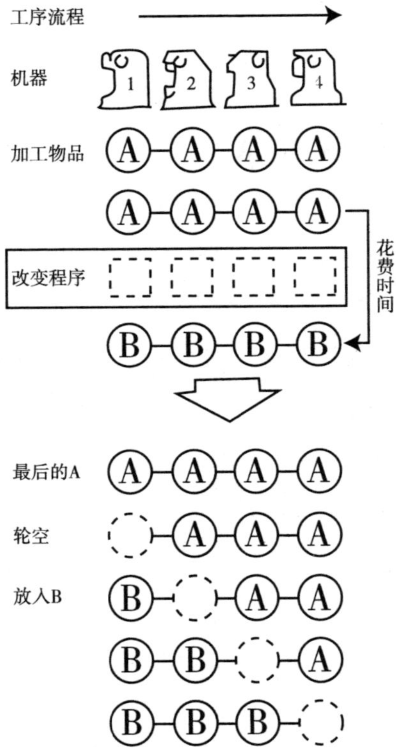

图3-6 一次完成式程序改变

不论连接着多少台机器，由于加工物品是按照生产周期一个个流动，因此最后一个A之后总是空操作，这样，就可以在轮空的时间，进行各个机器的程序改变，也就是说，在一个周期内改变程序，丰田把这种情况叫“一次完成式程序改变”。

一次轮空的时间就成了改变程序的时间，它的损耗只有生产一个零部件的时间。

第四章

准时化与自动化

超级市场方式

我们在前一章论述了丰田生产方式的基础，即平均化生产方式。 在这一章，我们来思考一下基于这个基础之上的两个支柱——准时化和自动化。

所谓准时化，就是在必要的时间生产必要数量的必要物品供给各个工序。

这种思考方式不止是丰田特有的，任何一个公司都会精心设计生产计划，利用准时化生产，有计划地去工作，力求不做无用功，尽量消除各种浪费，以提高生产效率。

在昭和二十年代（1945 ~ 1955 年），丰田的生产计划都在月初就制订出来，月中备齐零部件，所有的组装集中在月末，然后设法完成每个月的计划。

利用这种生产方式，无论作业者怎么努力地加工组装，10 个人最终也只能完成一台机器。

那时候，大野耐一君正在研究超市方式，他想，难道就不能把超市的经营方式应用到机械工场的实际生产中吗？

在超市中，人们的活动是这样的：顾客根据自己家庭成员的构成和冰箱的容量，计算好几天的用量，从货架上拿下自己所需种类和数量的物品，放入篮子，然后在出口一并结算，并带着这些东西回家。

大野君注意到，这个系统就是只在必要的时刻拿回（购买）自己需要的东西，其实完全可以应用于生产。

例如，我们来看一下日本的派送方式。顾客要求寿司店送餐，如果只有一个人，对方就很难答应，因此会订两个人的分量。果蔬店和酒店也会因为量少不愿送，于是顾客会想：反正将来也会用到，就多买点吧，结果买进了一些当时不必要的东西。而在超市，我们当然绝对不会买那些多余的物品，只是在必要的时间买必要的东西带回家。

准时化生产这个词，是由第一代社长丰田喜一郎君想出来的。但是，对此提出挑战，并且提出了今天的丰田生产方式的却是大野耐一君。下面我们来听一听大野君的话。

准时化生产

“当初我刚刚进入公司的时候，听到零部件应该集中准时化生产，觉得相当有意思。 但是实际上这种想法却没有实现。 对此我做了很多深入的思考，难道就没有做好准时化生产的方法吗？ 我有一个毛病就是喜欢逆向思考问题。 这样一来，我就有了这样一个想法，只要在某个时间、某个地点，只取所需数量的某种东西就行了，简单地说就是把搬运系统逆转一下。

不论什么地方的公司，包括丰田在内，大体上都是做完前一工序才进行后一工序，而后工序就成了中间仓库，而且数量还很多。 制造完物品后就把物品取走送到后工序。 相反，应该这样去做，制造完的物品先放在那里，需要的时候去那里取用所需的数量。

这种取用、搬运就是在需要东西的时候去前一工序取东西，在需要的时候补充被拿走的东西。 通过这种方式，可以取消中间仓库，只是放置制作出来的东西，如果没有放置的地方，那么就必须停止生产。

工厂中只是人多，机器和设备也会有很多余裕，要是闲着又不太好，于是就开始生产，这样就没有了放置物品的场所。 所以还要把生产出来的东西放到生产的地方，只要补充被取走的东西就可以了。 那样，就可以一目了然，作业者自身也就明白了自己要加班加点还是仍有余裕。 要是有材料却没有放置制作出来的产品的地方，那些机器就得闲置。 那样，监督者也好作业者也好，就会意识到人相对多了，人员的配置就比较容易，结果，就形成了逆向搬运，作为准时化生产的实际操作方法，这是非常有效果的。”

后工序去取所需物品

汽车这样的产品，由几万个零部件构成，如果把它所有工序的零件数目加起来，数字是很庞大的。这么庞大的工序，要求每一个生产计划都一丝不苟，不用变更生产计划，就能很及时地达到预期的生产目的，在现实中很难办到。

影响生产计划变更的原因有很多，诸如市场的变化、生产方面的各种因素等等。这些重要因素如果在前期工序中发生问题，那么就会在后期工序中出现次品，不论作业者愿不愿意，都不得不使生产线停止或者变更计划。

如果无视这样的状况，每项工序都根据自己的生产计划，生产出与后期工序毫无关系的零部件或不良品零部件，那么就会出现无用的零件库存积压如山的情形。而更改生产计划所派生出来的各种管理性的工作量也是很庞大的，只是不断地做指示和调整的工作，管理就很困难了。就算能够管理下来，整理、防锈和计数的工作量也相当繁杂，这些问题都使作业现场做了无用功。

更糟糕的是，各条生产线上，由于区分不出正常和异常的状态，就有可能对情况做出不恰当的处理，或者人多造成生产过剩，本来可以进行改善，但是这样的生产计划却阻碍了改善。这样的相互纠葛使得现场的无用功接二连三地发生，成为进一步恶化企业经营的原因。

因此，如果只在必要的时间提供给各道工序必需数量的零件，类似于前面的无用功就能够从现场消除，改良工作也将进一步得到实现。因此，向各道工序指示其生产计划，由前工序向后工序传输物品，这种管理方法无法顺利解决上面的问题。即是说，后工序何时需要零件，需要的数量是多少，这些情况不明确的话，就会生产过多的不必要零件。用多余的时间制造过多不需要的零件，然后向后工序提供这些零件，就必然会造成生产的混乱，导致生产效率降低。

这里要进行逆向思考，不再把前工序做出的产品送往后工序，而是由后工序在必要的时间去前工序里领取必需的零件，从而改变了零部件的流向，之前说的诸多问题就有可能得到解决。

换言之，制造业的最后程序是总装配生产线，以此为出发点，只要向各条装配生产线指示其生产计划，告诉其在必要的时间内所必须的生产量、必要的车种，这些生产线就能从前工序中取得装配生产线上所需的各种零件。这样一来，将制造工序逆向到前面的工序，甚至原材料准备部门也跟着连锁性地同期化，使得及时生产的条件得到满足。这样，管理的工作量就大大减少了。

这时去领取零件或者给予前工序以生产指示时，所使用的工具是布告栏。布告栏这种形式，保证生产能顺利、准确而及时地进行，大大减少了生产作业中的无用功，从而接近了生产管理的理想状态，它使生产线具备了灵活性，成为了阻止出现无用功的有效闸门。

人性化的自动化

丰田生产方式的另一个支柱是自动化。

只要一按开关就能自行运转的机器有很多。最近由于机器不断朝着高性能和高速化发展，一旦稍微发生异常，就会引发几十、几百倍不良品堆积如山的恶果。例如，掺杂进异质材料，机械设备和模型就会受到破损，或者堵满残渣，或者阴螺模折损等等，机械设备和模型破损以及生产出不良品，这些都不能称为劳动，也算不上是工作。另外，要杜绝损坏机械设备、生产不良品的现象，就必须安排看守的值班人。这种自动化决不会有效率。因此，丰田公司对自动化过程非常严格和谨慎。

关于自动化，我们同样来听听大野先生的说明：

“丰田如果不采用人性化的自动化该是什么局面呢？没有人性化的自动化在任何一个制造厂都可以应用，而人性化的自动化就是作为用户的我们应该想到的。

这一人性化的自动化，简单地说就是在发生一些不良情况的时候，能够自动启动停止运作的装置。加工结束或者出现了不良品的时候，如果没有安装自动停止装置，将有很大的麻烦。若不事先意识到这种状况，就会不断生产不良品，这是非常糟糕的。 所以在工厂中必须安装能够阻止不良品批量生产的自动化装置。”

使用者的智慧

“自动化”这一词语，的确是由丰田创造的。 正是本公司的创始人丰田佐吉先生，发明了刚才所说的人性化的自动纺织机。

纺织品有各种各样的规格，在几寸四方纺织物之中要有经线几条、纬线几条，是什么名称的织物，这样的规格都是一定的。 即使一条经线或者一条纬线不够都是不合格。

丰田的自动纺织机如果切断了某经线或是缺了纬线，机器会立刻停止工作，这样就避免了不合格产品的产生。 一般把自动停止装置也称为人性化机器。

自从有了人性化的自动化，在生产了不良品的时候，就算没有安排对生产进行监视的人员，工作也可以继续顺利地完成。 一旦出现不良品，机械马上就会自动停止。 因此，在使用这种装置之后，一名女员工能够操作数十台纺织机械，而且能以相当高的速度进行运转。 而在没有发明这种机械之前，是用脚一边踩一边纺织，比起那个时候来，现在的生产效率提高了几十倍、几百倍！

这类方法也适用于制造汽车零部件，只要有了自动停止装置，几十、几百倍地提高生产效率就不再是什么大不了的难事了。

我们也要求在买来的不带有自动停止装置的自动机器上安装该装置，要求作业人员知道如何操作它。直接使用买回来的机器，说明该部门都是一些不动脑筋的家伙，所以需要我们自己学会安装自动停止装置。

自动停止

即使是现在，丰田也还是日本、甚至是世界上顶级的汽车制造商。它从昭和十二年（1937 年）发出第一声怒吼以来，就不断地在和欧美先进的汽车制造企业竞争，想方设法地追赶、超越欧美，所以，设备的自动化无论如何都是必要的，在昭和三十年（1955 年）到四十年（1965 年）这十年间，丰田大幅度地实现了自动化。

不过，自动化的结果，并没有预想的那样减少人工，甚至出现了一些极端的情况，一个人监控一台机器。

要是这样，就和没有自动机器、用手动工作没有什么区别了。

当然，这并不是说手动机器就好，出现这种情况，是因为对自动化的思考不足。也就是说，自动化的第一步并不是机械能自动地进行加工，而应该是机器在发生异常的情况下能够有所感知、并能自动地停止，这是非常重要的。

如果不是带自动停止装置的自动机器就会很麻烦，所以不管是新机器还是旧机器，都要加强力度，使这些设备具备人类的智慧，成为人性化的机器。这些智慧包括定位停止方式、全面网络系统、懂得如何避免发生错误以及各种安全装置的使用等等。

自动化的理念不仅仅是指机械设备自动化，还包括了组装线上人员的作业。人、机器或生产线，一旦发生异常就马上停止操作的系统，这就是丰田在总体上所命名的生产方式：自动化。

“作业者自动化”是指作业者自身，是在认为自己做的作业“不行”、“出现了不良品”的情况下，作业者自身能停止错误操作。丰田要求每一个作业人员都能控制生产线的停止与开始，要是认为哪里稍微不妥当，就应该立刻停止生产线。

大野语录

所谓人性化自动停止是在发生异常的情况下，自行判断并停止机器的运转。

而一般的自动机器若发生异常，会损坏机器和模型，产生大量的不合格产品。所以必须安置值班人员。

停止生产线

通常，在生产线上作业的时候，是很难让生产线停止下来的。因为如果停止生产线，产量就会瞬间大跌，管理者是很不情愿的。即使在丰田，实际也不是想停止就能停止的。

不过，丰田的生产线却是常常停止。但这种停止只是几秒钟的事，因为要让生产线更加顺利地运行。

这里有一个实例，双方分别是以前无论如何都不想把生产线停下来的生产线监督人 A 和按照指示操作的监督人 B。

B 在停止生产线的时候毫不犹豫。这样不论是整个计划还是其他什么都停了下来，产量也就下来了。生产停下来是有很多原因的，直接操作的作业者当然是很清楚这些问题的，不过作为监督人的 B 却没有弄清问题所在。

总之，因为生产线停了下来，所以问题就很清楚地显现出来了。于是就把这些问题逐个地解决，过了三周，与原以为只要一停生产线就会降低生产效率、造成公司的损失，因此没有让属下停止生产线的 A 相比，B 生产线的实际业绩却更为突出了，结果出人意料。

反过来说，停止生产线的最终目的是为了确保更有效率的生产线作业，从而达到理想的生产线运作。所以，监督人必须对一定的损失有所准备，适当时候停止生产线的运行，这时监督人必须从根本上解决那些致命（导致生产线停止）的问题。

不能说出“请停止生产线”的监督人，和由于相同的原因两次、甚至三次停止生产线的监督人都是失败的。

管理者应该认真想一想“停不下来的生产线是好的生产线还是很差的生产线”？

大野语录

“停不下来的生产线是非常好的生产线还是很差的生产线”？没有停下来的生产线大多数是因为费了很多人力，问题没有显现出来。因此，我们有必要打造能够停止的生产线，在不断改善后，成为即使想停都不用停止的生产线。

打造一目了然的现场

上面说的停止生产线的做法，事先要给予每个作业者“停止按钮”，让他们按照标准作业进行工作，完成自己作业区域内的作业后就按下停止按钮停止生产线。否则由于零件的安装磨损、零件损坏不能安装等原因会延迟作业。这些原因每次都要得到彻底的改善，这样做就不会重复相同的错误。从长远考虑，停止生产线的方法是值得的。

因而，丰田的所有生产线都安装了停止按钮。生产线上来了新员工，首先要教的就是生产线的停止方法。

生产线一旦因为某原因停止，就会在图 4 – 1 所示的生产线上方的电光显示板中显示出问题来自哪个工序。 这个显示板叫作“指示灯”。

图 4 – 1　一目了然的生产现场

例如，某个生产线由（1）～（12）道工序编成，现在（4）工序中因某原因需要生产线停止，指示灯的（4）就会亮，附近的监督人马上赶到现场，探究原因，对其进行技术性的处理。

按钮和指示灯并用，生产线的状态就一目了然了，这也就是可视化管理。

可视化管理

前面已经多次提到，丰田生产方式的最大目标在于彻底消除工作中的无用功。可是什么是无用功是很难界定的，能够认识到“这个是没用的”很困难。与此相比，消除徒劳工作的手段和方法倒不是那么困难。

因此，下工夫让任何人都能清楚地知道哪些是徒劳的工作是很重要的。

丰田某合作工厂的社长曾过来说“没有工作很烦恼啊，给点事做吧”。这确实令人苦恼。不久，为了尽快调查实际情况，大野副社长本人与相关人士参观了那个工厂。

既然是“没有工作”，想必那工厂是闲散的，一片慌乱的状态，所以大野社长是提心吊胆地去看的。可是，一踏进工厂，就看到从业人员都忙忙碌碌地来回工作着。机械也运转着，根本不是“没有工作”的状态。

这到底是怎么一回事？合作工厂里无事可做，丰田公司也负有责任。不用社长说，遇到这种情况丰田公司也必须采取措施，正是抱着这种想法才到工厂来的，却看到了上述情景。

本以为真的没有工作，猜想社长以下的全体员工会带着怨恨的眼神，似乎在控诉着“怎么办”，可是这里根本不是“没有工作”的样子。

经过认真调查，大野社长发现对方的工作量的确有些不足，但如果是这种情况，空闲的员工不是应该坐在一旁等候吗？

待工

这样的例子可能有点极端。没有工作的时候，丰田不让工人做多余的事情，这被他们叫做“待工”。

这是因为那些人只能做自己的工作，所以有了空闲的时间。这是工作提供方的不对，并不是从业人员的不好。这样一来，组长和车间主任看一看手头没有工作的作业人员，马上就能明了作业人员的状态，工作提供方也能够进行反省和改善。这也是现场一目了然的例子。

称职的社长、部长和厂长要经常视察现场，到了现场也许就会明白“一年一次来看看是绝对不足以了解的”。只有在现场，才可以看出每个人的工作情况，这一点非常重要。

大野语录

> 我们要建立一个任何人都可以一目了然的作业现场。这样，就使不合格的产品暴露在表面，还能对数量进行计划控制，生产是进还是退也马上就知晓了。这样一来，明白了问题出现在哪儿，大家就能够一起来想改善的方案。

可视化管理的方法

为了实现可视化管理，在丰田的各个现场，正具体地实施着如下做法：

①规定产品和零件的放置场所，仔细认真地在布告栏上记入所在地。由此，就能很快地知道是库存管理、制作的顺序、进展状况或是搬运作业等哪一方面出现了异常。

②生产线停止指示板（指示灯）的设置——能够明了生产线的工作状况、设备出问题的地方、对策状况等等。

③将布告栏悬挂在生产线的上方：可以清楚现在正在制作什么、下一个制作工作的准备是否已经完成、这条生产线的负荷状况是如何、是否需要加班等等。

④通过布告栏的提示可以了解清楚生产周期、工作的次序、标准待工等等。

如上面所示进行操作，所有现场都能一目了然地进行管理，再结合自动化，就可以做到正常的时候机器运转，异常的时候由员工进行异常处理。

可视化管理结合了前面所说的及时生产和自动化两大支柱，是丰田生产方式中不可忽视的重要方法。

美国西部牛仔式的异常管理

“××管理”这样的词汇在很多地方都能见到，可是管理的真谛到底是什么呢?

我想，那恐怕就像是美国西部牛仔带领牛群到达距离几百公里以外地方的情形。我们在电影里经常看到的是，仅仅数人的美国西部牛仔看管着几千头牛。

一般情况下，西部牛仔什么都不做，牛群也只是慢吞吞地向前走，可是牛群一旦离开既定路线，牛仔就策马驰向头牛的方向纠正线路。要是几头牛走出了牛群，他们就啪啪地鞭打牛使它们返回牛群。

如果给每头牛安排一个牛仔，即便制定了所有的牛前行的规则，大概也不能在沙漠中移动几百公里。恐怕牛很容易地成为了牛仔的口粮，牛仔到了目的地，牛却没有了。

总之，所谓管理，就是在顺利的情况下不用看管，一旦有什么异常，则尽快地察知并采取措施。前面所说的可视化管理，目的就是以异常状况作为中心进行管理，丰田的这种生产方式被称作“异常管理”。

如果采用异常管理，就能扩大管理能力或者管理范围，一名作业人员能操作多台自动化机器，一名组长和班长能够看管多条生产线，相关的工务零件科即使零件再多也能处理。

第五章
连接丰田和销售商、零件制造商的生产计划

销售商和成品制造商的关系

成车制造商依据经销商的信息制订生产计划，大致分为两个阶段：第一阶段是完成成车的基本生产计划和制订零件交货的内部提示表，第二阶段是完成成车的配送预定表和车型投入顺序计划表。

下文将对这两个阶段进行解说。

●基本生产计划和零件交货内部提示表的完成

首先，这要从销售部门的销售计划开始。这与国内销售部门和海外销售部门相关联。国内销售部门每个月从经销商处得到车辆的各条生产线在今后三个月的需要量预测值，这个数量

值大致根据各类车型（各条生产线）和各种大致分类的式样来确定。另一方面，海外销售部门也每月一次从海外得到今后三个月的订购额，这之中也包括了详细的汽车制造信息。

其次，在生产管理部门，根据上面所说的两个销售信息，以及对生产能力方面的调整，制订今后三个月的生产计划。用不同的车型生产线的日产量来分割第一个月的成车总量，这种分割是为了平均化生产而进行的。因此，它基本上是单纯地按劳动工作天数进行平均化。这被称为“基本生产计划”（master production schedule）。

这里所谓的大致分类，是由车体类型、发动机类型（排气量、使用燃料等）、变速类型以及车的等级（豪华程度）组合来决定的。

第三，若将零部件表（bill of materials）应用于这个基本生产计划，就形成必要材料的数量计划（materials requirement plan）。像这样的零件计算不论称不称为“MRP”，实质上各个成车制造商都在实施。

然后，把计算过的材料零件的需要量计划信息，通知成车制造商的各个工厂和旗下的零件制造商，这就是所谓的“零件交货内部指示表”。可是实际上各零件制造商并不期望按照这个内部交货指示表进行生产。实际每天的生产量主要是依据布告栏上的指示。

●配送预定表和顺序计划表的完成

下面讲一下每天实际的生产指示信息是怎样完成的。

第一，从经销商那里得到每旬的订单。各经销商依据成车经销商的生产计划中确定的每月领取汽车辆数，提前七八天将10天内各种最后规格的订货发送给成车制造商的销售部门，所谓的最后规格是将前面叙述的大致分类状况进一步依照订购种类的选择方法、车的颜色的选择方法细分。

第二，在生产管理部，按照旬订单以工厂、生产线为单位计划制订日产量。这是对前述的“基本生产计划”的修正。另外，成车制造商向各经销商发送如图5-1所示的“配送预定表（delivery schedule）”，接收旬订单后的两天后完成这个预定表。

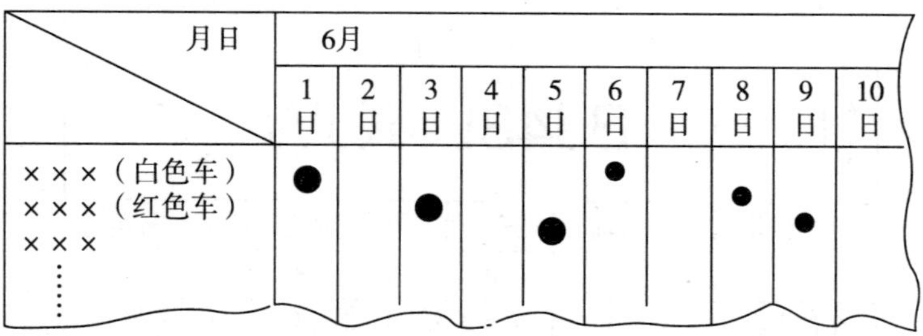

图5-1　配送预定表

第三，经销商每天根据顾客的实际订购需要而变更订购内容，幅度在旬订单数量的10%以内，并把这个信息发到成车销售部门。例如在图5-1（配送预定表）中，预定6月1日配送白色的车，可是后来想更改为红色的。这称之为“每日变更”，它要在成车下线的4~5日前确定下来。

第四，将根据每日变更而再次修订的生产计划指示各个工厂。 这要求在成车下线的 3 日前做到。

第五，完成并向装配生产线指示成车投产顺序计划表，要求在下线的 1.5 日前完成，顺序计划表一般就大型号零件制订，但现在订购公司把磁带送给大规模零件制造者，将纸表送给小规模的零件制造商。 零件制造厂依据这一顺序计划表，打印输出如图 5 – 2 所示的贴纸（标签），把它贴在装配生产线的上面，作业者一边看着它一边进行组装。

No	AOI	=	=	=	=

装配No	联结No　辆数 –	整理No		合计（枚）
		发送地	（出口车使用英文金属板）	
车型	BJ43L–KJW			

钢板弹簧	后车轴	升压器	闸门锁定装置	叠式控制柄
	一半	单个	装配	
咬合齿轮	油滑轮	电气系统	排气对策	转移
4II				指导
交流发电机	空气清新器	油冷却器	加热器+空调	前卷扬机
480W			加热器	
寒冷地带用油	高度补偿	LLC	风扇	后部万向接头
EDIC				面向寒冷地带
安装				

图 5 – 2　贴纸实例

最后，是依据布告栏领取零件、进行生产。这只限于在第五步中没有成为顺序计划表对象的零件。

●流通阶段的联机系统

上述的旬订单和每日变更，由经销商传给成车制造商。这个系统从出示旬订单到实际的新车交货时间，因地理上远近的不同，也会有配送时间差，快的要3周时间，迟的需要2个月（如果忽略运送时间，从接到旬订单到车离开装配生产线需要11天到21天的时间，若是改为日订单，成车则需要5天时间离开装配生产线）。

可是，为了稍微缩短这个时间，更迅速地应对顾客的需要，丰田公司在销售商和成车制造商之间构建了能够每天处理车辆订货业务的联机信息网，这一新的系统如果实际运转起来，交纳新车的时间就能够比现在缩短数日，并且经销商也不会有不必要的多余的库存。这就能够实现销售阶段的准确和及时。

在这一计划当中，丰田和经销商的联网利用了NTT的新的通信网“日本纵横光缆”。

丰田总部及其名古屋分社的大型计算机和各经销商的计算机及终端计算机相连接，每天掌握经销商接受订货的情况，依据订货的内容迅速确立生产体制，缩短交货时间。

首先，本公司内部信息网络化发展比较快的大经销商，在首都、大阪、名古屋都设置了信息网络，东京丰田、大阪丰田、爱知丰田汽车和神奈川丰田汽车这四个公司共同开发了本系统。从昭和六十一年（1986 年）1 月开始，丰田将高级汽车“后冠”的订货业务完全联机化，上了轨道之后又顺利向全国的经销商推广，并把这一系统扩展到汽车的整体生产业务范围。

零部件交货内部计划示意表

成车制造商每个月向零部件制造商提供未来三个月的生产预定表，这被称为“零部件交货内部计划示意表”（图 5 - 3）。在这个表中，相邻月份的部分作为“交货日程表”，显示确定的日交货数量，下一个月和下下个月的时间是非正式显示，有变更的可能性。

在每个月中，要对生产量不符合交货日程表的数字进行调整，这就是根据布告栏的信息调整交货期。

以往关于布告栏方式的解说很多，可是关于零部件交货内部示意图表的说明几乎没有。因此，下面将详细解说“零部件交货内部示意图表”。这个表是成车制造商针对特定的供货厂商（零部件制造商）制定的，供货厂商每次根据提供的零部件种类指示出如下的物量信息（参照图 5 - 3）。

1. 总量

例如，我们事先设定图 5 - 3 的 c 类产品作为内部显示信息，会有如下的总量：

①昭和 XX 年五月领取的内部示意数量1 600个；

供货厂商XXX公启　　零部件交货内部示意表（5月份）　　昭和XX年4月22日完成

	搬入次数			布告栏数	+和前一次的差别	每天平均箱数（一箱容纳量=10）							5月领取内部示意
	日	次	后			1日	2日	3日	…	29日	30日	31日	
品种A	1	14	3	4	1	8	8	0		8	8	8	1,718
品种B	1	14	3	3	0	6	5	0		5	5	4	1,020
品种C	1	10	2	3	–1	7	7	0		7	7	7	1,600
品种D	1	14	2	19	3	44	44	0		44	44	44	9,761
品种E	1	14	3	2	–1	5	5	0		5	5	5	1,141
品种F	1	10	2	1	0	1	0	0		1	0	0	94
⋮													

图5－3　零部件交货内部计划示意表

②昭和 XX 年六月装配内部示意数量1 600个；

③昭和 XX 年七月装配的内部示意数量1 700个。

这里①中的领取内部数量，如果除去根据布告栏进行的五月中的微调，可以说就是“确定量”（由于图 5－3 篇幅有限，省略②③）。

2. 此外，每箱容纳的零部件数量信息（各零部件都是 10 个）。

3. 从 5 月 1 日到 5 月 31 日每天交纳的箱数。

因为日本 5 月连休日比较多，星期六、星期日和 3 号、4 号、5 号、11 号、12 号、18 号、19 号、25 号、26 号都是节假日，所以零件 C 交纳的箱数是零。 除此以外总计共 22 天，日平均的交纳数量完全平均化，就是 1 天 7 箱。

【五月领取的内部显示数量 1600 个 /（一箱 10 个）】/ 22 日 =7 箱 / 天……不足量 60 个。

不足量的 60 个按照日平均量的标准化进行计算就给舍去

了，可是如果平均一天8箱的话，将有160个成为多余零部件。在这种情况下，22天的劳动日之中，每3到4天设置一个8箱的交货日，共计6天，每天平均量8箱，这样也能够吸收上面不足量的60个。

4. 下面是有关布告栏的信息。

①搬入次数。零件C，一天搬入10次布告栏，产品零件的交纳经常是2次之后。也就是“交货周期”是1・10・2。

②布告栏的张数。成车制造商指定了有关零件应该使用的布告栏的总数，零件C有3张。

③此次交纳零件和上一次交纳时的布告栏张数之差（+或者-的数字）。例如，零件C是“-1”、如果t点的时候，两张布告栏的零部件被纳入，那么在（t+2）点时交纳（2张-1张）=1张的零件（参照图5-4）。

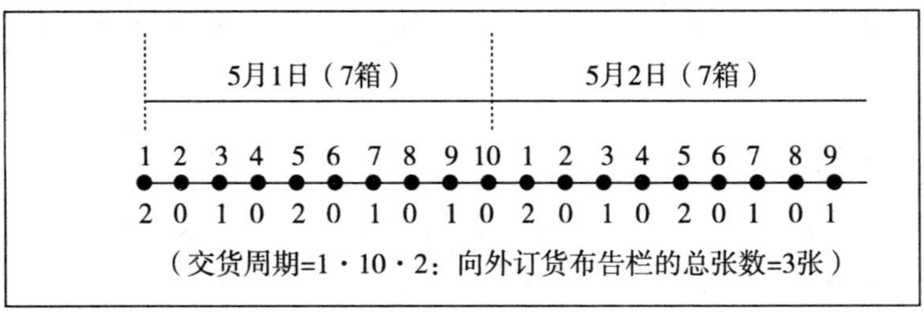

图5-4　交货周期和各次布告栏张数

零部件制造商的生产计划

在日本汽车产业中，零件制造商的生产计划大致由两个阶段构成。

第一阶段是根据来自成车制造商的零件交货内部示意图的信息作成预计生产计划，它是月生产计划。

第二阶段是根据每天由成车制造商送来的布告栏和顺序计划表、或者由使用 MRP 的成车制造商送来的确定的订购书（缴纳日程表）等作成接收订货的生产计划，这是日生产计划。

以下将用简单的实例（参照图 5 – 5）来依次介绍这两个阶段。

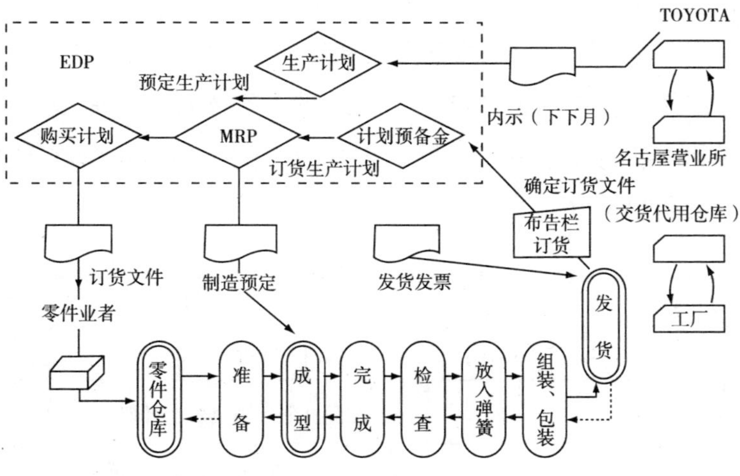

图 5 – 5　零部件制造厂的预定生产计划和接受订货生产计划

●零部件制造商的预定生产计划

对于零部件制造商而言，被成车制造商通知的“零部件交货内部示意表”是自己公司制造零件（最终成品）的基本生产计划（masterproduction schedule）。

与这个交货内部示意表记录的月生产内部示意量相对应，MRP 用零部件表制成各种辅助零件的购买计划和自己工厂的主要制造工序的日程计划（这个过程和成车制造商在成车的基本生产计划上用 MRP 是完全相同的程序）。

在此，我举一个例子来解说购买计划和制造计划的步骤，A 公司是一个制造四轮车和两轮车的油封的中坚企业，这是一个比较简单的系统，

在 A 公司，将 MRP 用于从成车制造商处得来的纳入内部示意表，每月 10 日左右制成到下月末之前的辅助零部件交货计划表，然后以日计划表的形式通知辅助零部件制造商。

每周一完成下周订货预定日的辅助零部件的订购文书。交货的出品时间用一周，辅助零件业主的交货期也就在下下周（参照图 5－6）。

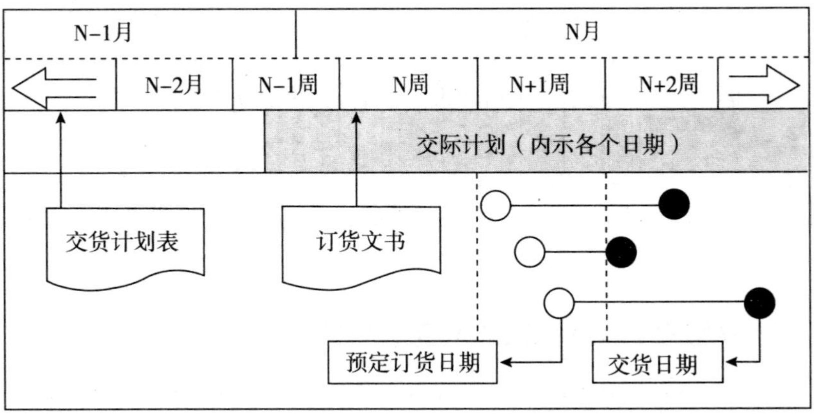

图 5－6　辅助零部件的交货计划表和订货文书的关系

然后，将 MRP 用于由成车制造商处得来的交货内部示意表，并制订自己工厂的制造计划。在 A 公司，由 MRP 完成的计划表的中心是关于 A 公司的主要工序——成型工序的成型计划表。这同从成车制造商处得来的零部件交货内部示意表相同，向成型的辅助零件的品种类别出示每日的生产计划表。

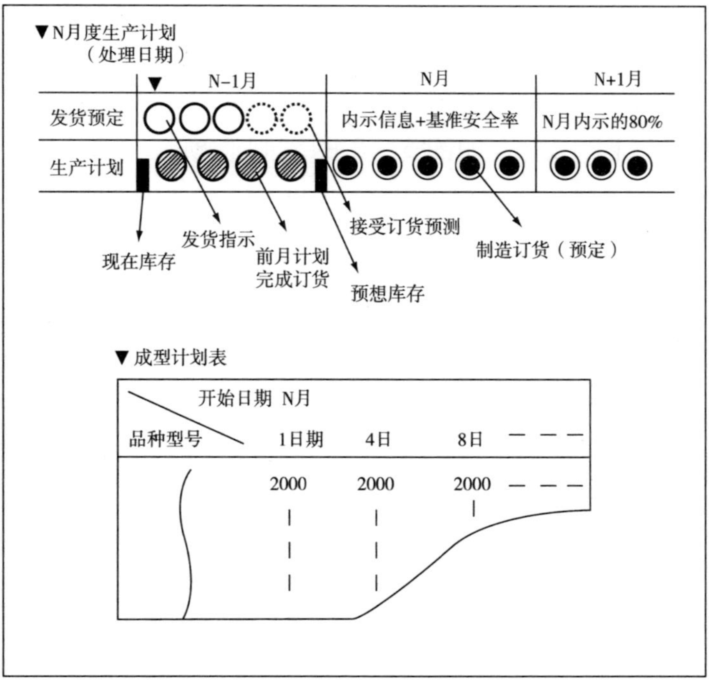

图 5－7　N 月份预定生产计划和制定日期的关系

假设上面的购买计划和成型计划是第 N 月的计划，那就要根据（N—2）月 20 日从成车制造商处得来的（关于 N 月）

交货内部示意表，在（N—1）月的月初制订出来。再者，成车制造商的交货内部示意表的数字，和实际在 N 月中接受到的确定的订购数多少有点出入，因此还要加上作为基准安全率的内部示意信息 20% 的数字（参照图 5－7）。可是，各个成车制造商的安全率会有差异，生产的变化幅度也可能达到 50%。

●零部件制造商的接收订货生产计划

丰田依据上述的预定生产计划，制定 N 月份的成型工序的生产日程计划。如图 5－8 的“制造预定”栏所示，以 3325 个的批量，以两日为间隔进行生产，这就是批量化。

	（过去）	N / 1	N / 2	N / 3	N / 4	N / 5	N / 6	
发货预定	2000	1800		500	3600	2000	1000	
制造预定	3325		3325		3325			
使用的可能数量	现在库存 500	25	3350	2850	2575	575		
不足数量							425	
计划追加要求							3500	

（注）进入个数=3500
出产率=95%

图 5－8　对确定订货书中不足数量的补充计划

与此相对，N 月的确定订购书要在 N—1 月 20 日后才到。这就是图 5－8 所示的作为 N 月确定订购书的零件交货内部示意表。成车制造商根据 MRP 进行生产指示的时候，这表将成为原则性的最终指示书。这就是记录在图 5－8 的“发货预定”栏中的数字。

于是生产方就知道了 N 月 6 号会有 425 个单位的不足数。因此，决定在 6 号以 3500 个的批量进行生产。

这种情况下，成型工序和装配工序的生产计划表将下一周预定成型的品种作为对象每周二发放，其完成交货时间就是下下周（参照图 5－9）。

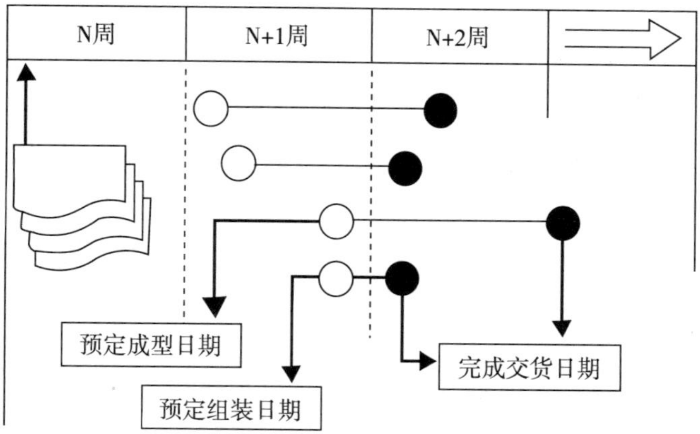

图 5－9　每两周的周二制订的成型计划

另外，A 公司的购买计划和成型计划每两周用 MRP 制订一次，其时间期限为三天。

在上面的案例中，以（N－1）月 20 日后由客户发来确定订购书作为前提，除此以外，还有很多客户到了 N 月每天根据布告栏出示最终确定订购书。这种情况下，实际现场的生产仅仅是依据布告栏的信号来进行，不会超出布告栏张数的需要量。

布告栏要发给最终装配工序，然后依次传给上一级工序，不过从装配工序到成型工序都由一个人监管，所以如果与依照 MRP 形成的生产计划量和布告栏张数产生了差异，监视者就要以手册的形式进行调整，不让装配工序和成型工序制造布告栏信息以外的产品（参照图 5-5）。

从客户那里接到布告栏订货后，最好向供货商也发出布告栏，可是 A 公司的供货厂商即辅助零部件制造者没有采纳布告栏这一方式的实力，也就是说没有缩短生产出品时间的实力。因此，他们只是向辅助零部件供货者提供依据 MRP 的供货计划表和订购书。

结果，A 公司虽然从装配工序到成型工序的库存减少了，但是在零部件仓库（放置辅助零部件的场所）仍有可能积压库存。

依照这一点，大概会有人认为，布告栏的方式，到了向外订货这一系列程序的尾端会有过剩的库存囤积。不过答案是否定的，这种情形不会发生。

A 公司是能够恰当地运用布告栏方式，并使其发挥最大作用的企业。A 公司如果让没有采纳布告栏实力的零件制造商 B 勉强安装，B 就不得不负担过大的库存，但是 A 没有这样做。

那么 A 公司在这方面又是怎样做的呢？ A 公司将布告栏

方式应用于本公司之际，缩短了生产出品时间，实行了彻底的改善。也因为采用了布告栏方式削减了装配工序到成型工序的库存。另外，辅助零部件的库存或许是个问题，但无论是在客户采纳布告栏方式之前还是之后，也无论是在实践上还是理论上，这种情况都不会发生。对于辅助零件，利用MRP削减了库存。

因而，只要不无视交货公司的实力而强制使用布告栏，就不会影响程序末端的正常库存。

●由 VAN 产生的集团内线路网

前面我们对有关丰田和经销商间的联机系统有所涉及，其实在制造企业内部也正建设着同样的系统。

丰田已经将 NTT 的“高速大容量数字主干线路”导入到东京——名古屋——丰田市内，它还想更进一步扩张到东京——仙台——北海道和名古屋——大阪——广岛——九州等。

这条线路除了丰田总公司和各工厂之外，还联结了以日本电装公司为首的 14 家相关零件制造商和 316 家系列汽车经销商的 3600 个经销点的计算机，所以成为“日本全国 4000 个经销点的第一大信息通信网”。将来丰田还会更进一步利用卫星通信和海底电缆，直接联结海外的生产和销售公司。

顺便提一下，丰田作为大股东，也加入了与 NTT 对抗、进驻电信行业的日本高速通信公司。这个公司将在东名·名神高速公路的中央分离带部分铺设光缆。

丰田集团内的 VAN 如果上了轨道，零件交货内部示意表和顺序计划表等信息，将不会像现在这样以人为中介，而是会以计算机为中介在丰田和零部件制造商之间传达信息。

●零部件的运输方式

众所周知，丰田利用布告栏方式频繁地领取零件，为了应对运输费用上涨的问题，采用了巡回混载的方式。

但是，实际上，从各零部件制造商到丰田工厂的交货指定时间可能各有不同，而且特定零部件制造商不同种类的零件，各自交货的时间也可能是不同的。这样的话就难以采用巡回混载的运输方式。

因此，运输公司便在丰田和零件制造商之间设置了仓库。在丰田的工厂附近有作为运输公司产品集散中心的仓库，按照单位时间从丰田工厂发出的布告栏，运输公司就会在单位时间从这个仓库运出零件交货。

运输公司仓库的库存量是 1 ~ 2 日的需求量。

另一方面，运输公司给各零件制造商带上布告栏。由于丰田实现了平均化生产，面向特定零件制造商的各种零件的领取、消费速度几乎是不变的，所以将这样的中间仓库作为缓冲层，基本不会出现运输方式上的故障。

在这种方式中，需重视的一点是中间仓库聚集了多个零部件制造商的产品。好比河的上游汇集了很多从山谷同时流

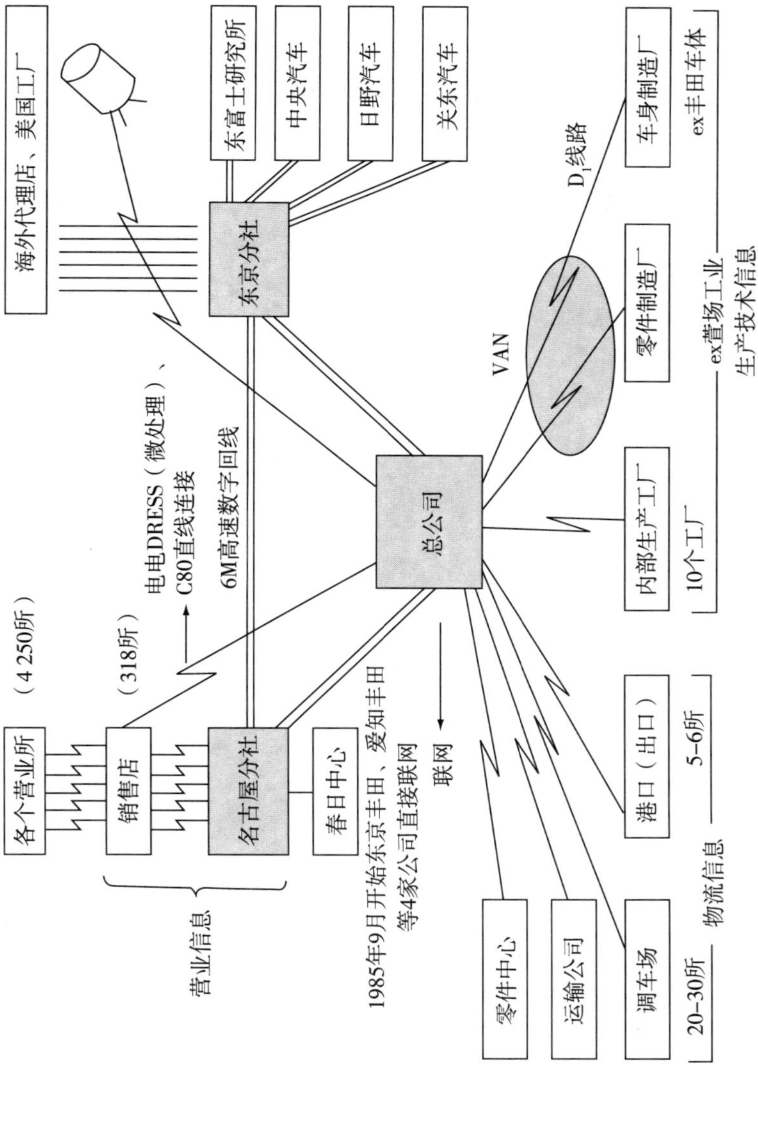

图5-10 丰田的信息通信网

出的细小溪流，并把它们汇聚到中途的水库，水库中储蓄了1~2日的水量，再以一股粗水流向下游供水。以时间单位供给丰田货物的方法与此相仿（这种配送中心的方式，在图5-5中右上方以名古屋营业所——交货代用仓库部分表示出来）。

最后还要勾勒一下前文中联结丰田和经销商、零件制造业主之间的信息网（参照图5-10）。

第六章

布告栏方式的现场管理

领取货物布告栏和生产指示布告栏

布告栏是实现准时化生产的一个工具，通常是一个放入长方形塑料袋里的卡片。

布告栏按功能可以分为两种，即领取货物布告栏和生产指示布告栏。领取货物布告栏记载后工序从前工序领取产品的种类和数量，生产指示布告栏则指定前工序必须生产的产品的种类和数量（参照图 6－1 及图 6－2）。生产指示布告栏有时也称作“工作布告栏”或者“生产布告栏”。

图 6－1 中的布告栏显示制作这个零件的前工序是锻造，后工序的运输人员去锻造部门 B－2 领取驱动副齿轮。后工序是机械加工。每个零件箱放 20 个零件，零件箱的型号是

B。 这个布告栏是所发布 8 个中的第 4 个。 物品目录的号码就是那个产品的简称。

放置场所
架子号码5E215　背面号码A2-15

品号　35670SO7

品号　驱动副齿轮

车种　SX50BC

容量	容器	发行号
20	B	418

前工序

锻造
B-2

后工序

机器加工
M-6

图 6－1　领取货物布告栏

放置场所
架子号码F26-18　背面号码A5-34

品号　56790-321

品号　机轴

车种　SX50BC-150

工序

机器加工
SB-8

图 6－2　生产指示布告栏

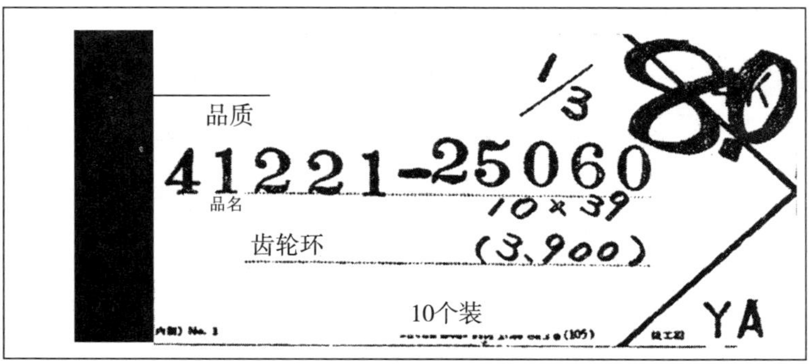

图 6－3　实际领取布告栏

图6－2的布告栏指示机械加工工序SB—8需要生产SX50BC—150型汽车用机轴。生产出来的机轴被放置到零件存放场所F26—18。大家可以参照图6－3“实际领取布告栏”。

●向外“订货布告栏”的本质是“领取货物布告栏”

除此之外还有几种布告栏。从供货商（提供零部件或者材料的公司，也称为合作厂商或者是承包商）处取货时使用“向外订货布告栏”。在向外订货布告栏中，显示了向承包商要求领取货物的指示。

原则上，丰田公司去旗下的承包商那里领取零部件，但是因为在零部件合同价中包含了运送费，所以一般说来供应商都把零部件送到丰田。

实际上，如果由丰田公司去领取货物的话，运送费要从单价中扣除。因此，向外订货布告栏本质上也是领取货物布告栏的一种。

图6－4中的布告栏，是由供应商住友电工向丰田工厂送货时所用的布告栏。在丰田工厂内使用的布告栏，没有使用条形码，但是，向外订货布告栏已经全部被条形码化了。36这个数字指领取零件的部门。当零件被送到36部门后，搬运工将把东西搬到放置零件的场所3S（8—3—213）。这个零件的背面号就是389。

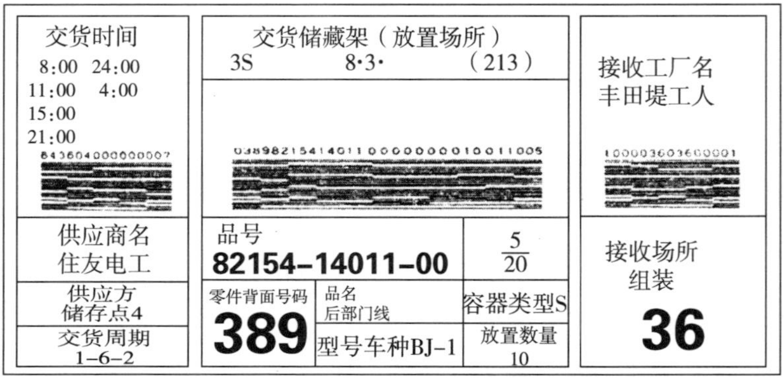

图 6－4　详细的向外订货布告栏

丰田生产方式以小批量生产为宗旨，所以每天必须频繁地搬运和接收零件。因此，接受产品的次数必须明确地标注在布告栏上。

另外，丰田是没有仓库的。因此，在该布告栏中必须记清产品的接受场所。

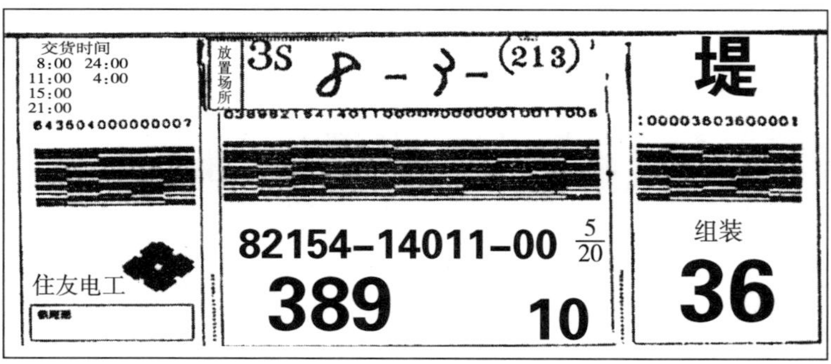

图 6－5　实际向外订货布告栏

有时候，在供应商名称的下一栏写有 1—6—2 这样的数字，这表示相关的物品一天应该送 6 次，还表示相应的物品在布告栏送往供应商“两次后配送”。图 6－4 是根据图 6－5 上所标内容的实际照片做成的。

●两种“信号布告栏”

为了把指令传达给压铸、冲床以及锻造工程中的批量生产，还要使用“信号布告栏”。见图 6－6，信号布告栏被悬挂在放有批量零件的箱子上。如果收到的货物在这个布告栏中有记载，那么生产指示就必须生效。一共有两种信号布告栏。

第一种就是“三角布告栏”。

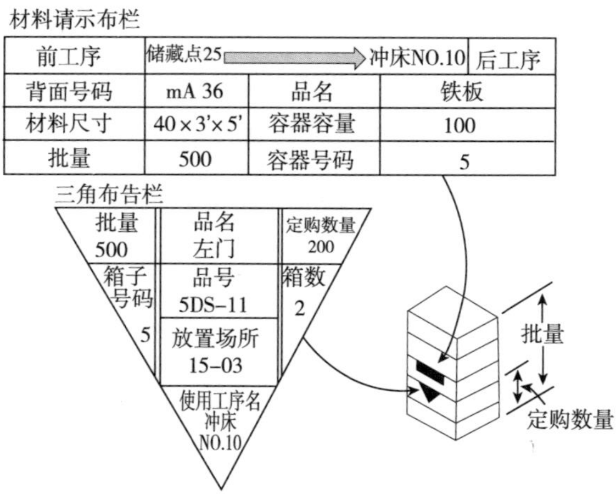

图 6－6　信号布告栏

图 6－6 中的三角布告栏指示：对于 NO. 10 冲床工序，如果要取用自下而上的第二个收纳箱，那么就表示要生产 500 个左门。也就是说，订货点是两箱或者 200 个零件，图 6－7 就是关于驾驶室托架装置的三角布告栏。

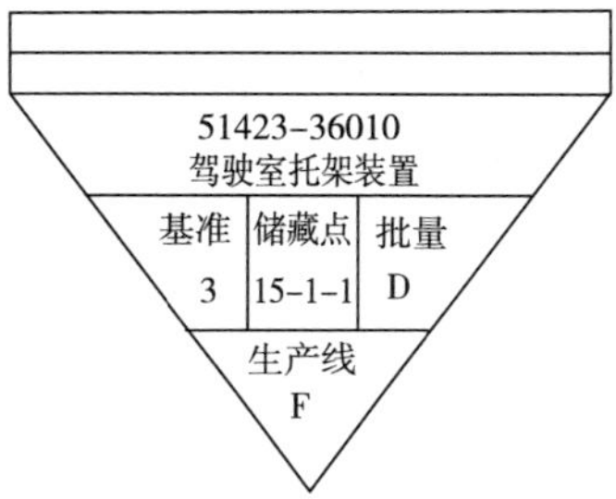

图 6－7　驾驶室托架装置的三角布告栏

另一种信号布告栏是长方形的，被称作“材料请求布告栏”或者“预备材料布告栏”或者是“材料布告栏”。

图 6－6 表示，如果向一个组装生产线上提交两箱左门，那么冲床工序 NO. 10 就必须去放置场所 25 领取铁板 500 单位。这种情况下，材料请求的订货数量是左门三箱。

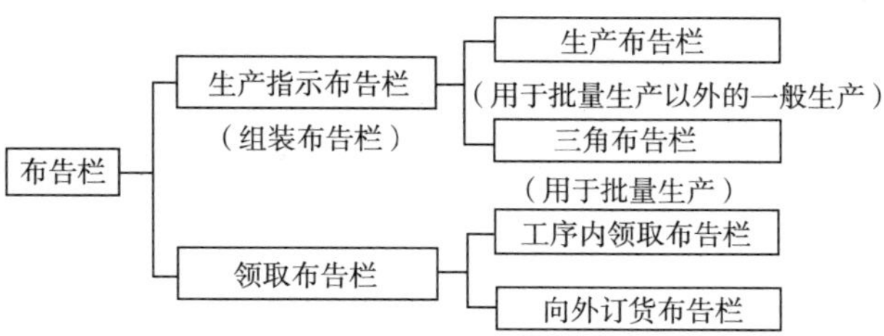

图 6－8　主要布告栏的构架

使用各种布告栏的技术

图6－9是显示生产指示布告栏和领取货物布告栏的使用方法，布告栏以后工序为起点，在下面的八个程序中使用。

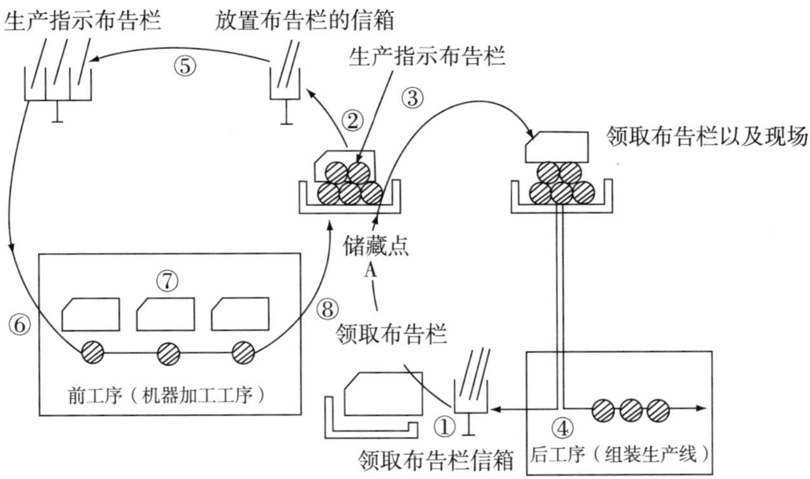

图6－9　使用两种布告栏的各种手段

①后工序的搬运人员将需要数量的领取布告栏和空货架（集装箱）装上铲车或者台车，前往前工序的储备点A（零件放置场）。

这时，被取下的领取布告栏已经堆在了事先规定的领取布告栏接收箱或文件夹里，或者决定了时间定期去领取。

②后工序的搬运人员在储备点A领取了零件后，就取下被安放在货架内零件上的生产指示布告栏（各货架上安装着

一张布告栏），这些布告栏将被放入布告栏接收箱中。

搬运人员还要将空货架放置在前工序人员指定的场所。

③搬运人员将一枚领取货物布告栏替换下自己取下的生产指示布告栏。在更换两种布告栏之际，要仔细留意领取货物布告栏是否符合相同零件的生产指示布告栏。

④后工序中一旦开始作业，领取货物布告栏必须放入领取货物布告栏接收箱中。

⑤前工序在一定时间生产了一定数量的零件时，要从布告栏接收箱中收集生产指示布告栏，然后按照在储备点 A 取下的顺序放入生产指示布告栏邮箱里。

⑥按照放置在同一邮箱中的生产指示布告栏的顺序生产零件。

⑦这些零件和对应的布告栏，在生产进行过程中，以成对的形式被移动。

⑧在这道工序中，零件加工一旦完成，零件和生产指示布告栏就被放入储备点，以方便后工序搬运人员随时领取。

如上所述，在各个前期工序中，两种布告栏必须不断地交替使用。

这样，各工序就能在必要的时间领取必须数量的必要物品，整体工序就能实现准时化生产。

布告栏连锁使用，对各工序在周期内生产统一单位的产品、实现生产线的同期化发挥了作用（参照图 6 – 10）。

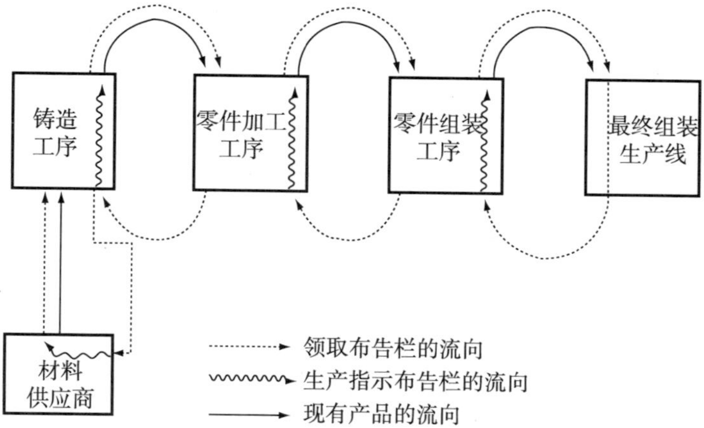

图 6－10　布告栏和现有物品的联系

布告栏的功能

布告栏指示作业信息，这是它的第一个功能。也就是说，它是指示“什么时候，用什么方法，生产什么，怎么搬运比较好”等信息的自动装置。

生产量、时间限制、方法、顺序，或者搬运量、搬运时间限制、搬运目的地、放置场所、搬运工具，加上容器等等只要一看布告栏就全都明白了。

在企业中，“什么时间、做什么、做多少”之类的信息一般以工作计划表、搬运计划表、生产指示书、交货指示单等账单的形式在作业现场中流动。另外，生产方法、搬运目的地、放置场所等信息作为作业标准书放置在现场桌子的一角，但是这也成为作业者不遵守规则、生产出不合格产品的一个原因。因而，制作布告栏，要以如下三点为目的：

①任何时候都能进行标准作业；

②自动出示适应现场实际状态的指示；

③预防工作人员多余的工作和非资料性纸张数量的泛滥。

大野语录

> 自认为提供了资料，但是很多时候却提供了不能称为资料的废纸。资料一定要成为资料才行。

布告栏的第二个功能是一定随实物变化。我们前面已经说了“布告栏是可视化管理的工具”，为了具体地说明这一点，只有使实物与布告栏相一致，使第二个功能和第一个功能同样重要，做到以下三点才有可能：

①不能进行多余生产；

②要清楚生产的优先顺序（布告栏上记录的都是很急切需要的东西）；

③能简单地管理货物。

“布告栏”的名称，源自下文即将论述到的标准作业单。所以各现场的组长，要将各自的作业内容整理出来，并张贴在作业现场，让人一目了然。也就是作业内容要如实反映在布告栏中，如果有不实之处就取消工资。

再有，“布告栏方式”一词据说是也是为了不让外部人理解而设定的。

布告栏的六大原则

所有工具都是越好用越能成为有效的武器发挥作用，从而实现作业的目的，但是如果错误地使用，反而会成为妨碍目的达成的凶器。

布告栏是为了有效管理作业现场而使用的工具，道理也是同样的。因此，在这里要说一说使用布告栏的前提条件，即布告栏的原则。

●第一条原则·不将不合格产品送往后工序

制造不合格产品，就是为不能卖出去的东西投入资本、设备、劳动力。这是浪费的极致，与企业降低成本的目的背道而驰。因此，一旦发现不合格产品，就不能再继续制造，必须首先提出防止其再次发生的对策。

为了更彻底地实施上述消除不合格产品的活动，“不将不合格产品送往后工序”是很重要的。

其理由是，如果遵守第一条原则，那么：

①制造了不合格产品的工序能立刻发现不合格产品的

产生；

②若不合格产品原封不动地放置，后工序就要停止，或者不合格产品积压在本工序中，使工序的问题马上明显化，管理监督者就不得不一致制订防止再发生的对策。

因此，为了切实实施这个原则，一旦出现不合格产品，机器或者作业就要自动停止。 由此出现了自动化的理念。

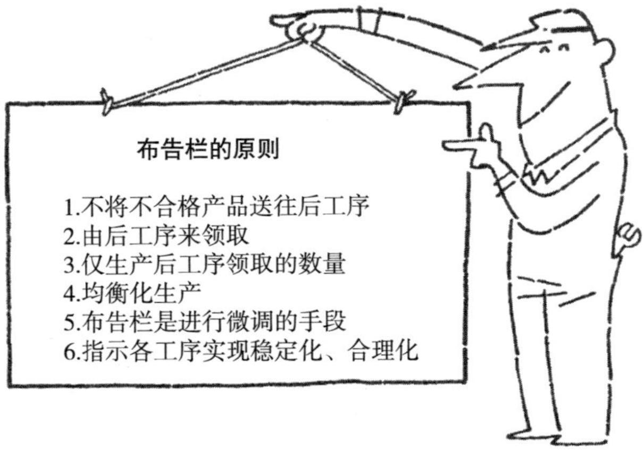

图6－11　布告栏的原则

不论是哪一道工序，如果不能保障100%的合格产品，那么布告栏方式本身就崩溃了。

●第二条原则·由后工序来领取

第二条原则是在必要的时间，由后工序来领取必要数量的产品。 关于这一点，在准时化生产部分已经叙述过了。

在不需要的时候，制造非必需品供给后工序，将在许多方面产生损失。例如让作业者多余地加班工作、因多余的积压库存而发生的损失、还有虽然设备有余力但是因不了解它而增设新设备造成损失、因为不能了解那些成为瓶颈的设备而不能采取对策以致耽误时机……当然，最大的损失还是因为制造了不需要的东西使得需要的东西不能被生产。

第二条原则对于消除如上的损失极其重要。为了切实遵守这个原则，该如何去做呢?

这里有一个问题，如果遵守“不让不合格产品流入后工序”的第一原则，就能够发现在本工序中出现的不合格产品。因而，就没有必要从其他方面得到信息，也能够供给后工序所需品质的产品。与此相对，后工序需要物品的时间和数量在自己的工序中是不能掌握的。也就是说，前工序只有通过其他渠道才能了解上述信息。

因此，要改变“供给后工序”的观点，而要求后工序在必要的时候仅以需要的数量为目标到前工序来领取，简单地说是“由后工序领取”。

从最终的车辆装配到最初材料出库的所有工序，如果都能在需要的时间，获取需要的数量的话，任何一个工序也就没有必要从其他渠道得到有关向后工序供给物品的时间和数量的信息了。

将“供给”这一观点转换为“领取”，就能够一举找到解决疑难问题的方法了。这就固定了“由后工序来领取”的第二原则。为了防止后工序任意地凭需要领取，有必要将原则具体化。

①禁止无布告栏领取；

②禁止领取超过布告栏数量的产品量；

③一定要给现场物品安装布告栏。

运用这样的布告栏的最大前提是，后工序必须要遵守第二条原则。

●第三条原则·仅生产后工序领取的数量

作为第二条原则的延伸，出现的第三条原则是“仅生产后工序领取的数量”，它的重要性通过对第二条原则的研究已经能够充分理解了。

当然，还有一个条件，就是把自己工序的库存控制在最小限度。为此，要遵循如下的做法：

①禁止生产超过布告栏数量的产品；

②按照布告栏的顺序进行生产。

遵守了这样的运用原则，第三条原则才能发挥它的效力。

更重要的是，由于遵守了第二、三条原则，所有的生产工序如同被一条传送带联结，也就是说实现了同期化。当考虑到传送带的引入会对作业标准化和降低成本发挥怎样的伟大力量时，我们就能够充分理解同期化所具有的非比寻常的意义了。

●第四条原则·均衡化生产

为了遵守第三条原则，即“仅生产后工序领取的数量”，必须管理好设备和人员，让所有的工序能在必要的时间，仅生产必要数量的产品。这个时候，如果后工序的领取时间和数量都很零散的话，前期工序就必须在人工和设备上有余力，而且越是前工序，就越需要余力。

可是，如果您认为为了应对后工序，就必须再拿出多余时间先行生产的话，那就与第三条原则“仅生产后工序领取的数量”相违背，所以必须消除这种看法。

因此，丰田提出了“均衡化生产”这第四条原则，并且正像我们开始论述的那样，均衡化生产应该说是丰田生产方式的基础。

●第五条原则·布告栏是进行微调的手段

布告栏功能之一是“自动指示装置、对作业者的作业指示信息”。

因而，采用布告栏的时候，不需要另外提供如工作计划表、搬运计划表这样的信息，仅用布告栏作为生产和搬运指示的信息，作业者只依赖于布告栏进行作业。因此，生产的均衡化尤其重要。

如果不进行均衡化生产，那么会发生什么问题呢？

例如，某锻压零件的制作，从开始模型程序，到零件被锻压后供给后工序之前，需要4个小时。假设布告栏设定这样的指示：锻压零件的库存若达到5小时以上，就开始进行生产（模型程序）。

可是，后工序的生产一旦倍增，5个小时的库存只用了2小时30分就被后工序领取完了，可是锻压工序中又没有生产零件，因此“4小时－2小时30分＝1小时30分”，这1小时30分将处于完全欠缺零件状态。

虽说如此，也不能为了应对这种情况，就安排10个小时的生产，拥有多余的库存。如果这样，前工序就会担心“后工序会不会领取很多”，或者发来布告栏以外的特别信息如“请提前工作”，现场将很混乱。我们通过这样的研究，就能更深一层地理解运用布告栏时“生产均衡化”的重要性了。

正如我们在这个例子中理解的，布告栏是作为微调的手段而被应用的，并且只有这样才能够发挥其强大的力量。

●第六条原则·使各工序稳定化、合理化

为了实现既保证对后期工序的供给，又尽量低成本制造的目的，我们熟悉了第四条原则“均衡化生产”，但是不要忘了，这里还有第六条原则：使各工序稳定化、合理化。

通过研究第一条原则“不向后工序输送不合格产品”，

我们理解了“自动化”的重要性。但是，这个不合格的意义不限于不合格零件，如果把它扩展到“不合格作业”这个层面，那么第六条原则就更容易理解了。所谓“不合格作业”，是因为没有实现作业的标准化和合理化，在作业方法和作业时间上产生了浪费和不合理，进而导致了不合格零件的产生。如果不消除这样的不良现象，即使能保证对后工序的供给，也不能做到低成本生产。实现了工序稳定化和合理化“生产均衡化”才能充分发挥它的价值。

遵守以上六条原则中的任何一个，都必须付出很大的努力。可是，如果不遵守这样的原则，即使引入布告栏，也很难发挥它的效果，推进降低成本的活动。为了布告栏作为推进降低成本的现场管理工具的效用，无论怎样的困难都要克服，遵守原则也是必须的。

“豉虫”

我想大家都知道“豉虫”吧。它能轻快地在水面到处跑，啪地突然改变方向，然后继续轻快地跑着。丰田现场也流动着和它一样的特质。

在以“由后工序领取”为原则的布告栏方式当中，需要很麻利地搬运零件，所使用的搬运车要由牵引车拉着来回跑。

所谓“由后工序领取”，意味着被领取的东西成为前工序的下一个工作指示，所以搬运的人不单是负责搬运工作，还充当了信息传达人。 因此搬运也不允许马虎，只能拿来使用部分的布告栏，从这个意义上说，搬运也是均衡化的。

搬运者是与后工序捆绑工作的作业者，一旦出现下一个工作指示，他们就要从各处集中组装必要的东西。

在前面的组装生产线和加工生产线的例子中，为了说明简单，我们叙述了产品和单个零件的关系，但实际上组装产品所需要的所有零件都必须同时混载，来回到各个工程处去领取。

定时 · 巡回混载方式

丰田旗下的承包者一般使用巡回混载方式。 只要是来自旗下承包者的领取，通常由承包商把产品配送到丰田。 结果是，为了应对小批量生产，必须频繁地进行配送，搬运时间就显得很重要。

例如，丰田旗下承包者 A、B、C、D 四公司处在同一地域，每天必须以小批量向丰田搬运四次。

这样频繁的送货使得库存量显著降低，但运费也提高了，所以不适合旗下所有的承包企业。

为此，丰田是这样安排的：上午九点第一次送货由 A 公司承担，在途中，顺道把 B、C、D 各公司的产品用 A 公司的卡车运到丰田。 上午十一点的第二次送货由 B 公司承担，同理，在中途，运送 A、C、D 各公司的产品。 下午两点第三次送货则由 C 公司承担。 这样做的方法被称为“定时·巡回混载方式”。

可是尽管如此，在美国，采用这样的方式也许很困难。美国是幅员辽阔的国家，也许承包企业 A 公司距离 C 或者 D 都很远，这种情况下，制造厂如果实施布告栏方式，就必须考虑几个补充性措施。

例如，与和自己公司距离更近的供货承包商缔结合约时，或者减小对供货商的依赖程度，或者用相当大的批量来领取零件等等。 另外，作为供应商，为了能够应对相关公司频繁的零件领取，也应该引入丰田生产方式，缩短生产出品时间。

作为放置场所的储备点

在前面的例子中，我们把加工生产线上放置加工完的零件的场所称为储备点，这同将准时化生产说成超级市场方式是为了便于理解一样，之所以称为“储备点”，是由于这里储备了后工序“顾客”需领取的物品。

布告栏的原则之一就是不向后工序输送不合格产品，这就和不向顾客出售不合格产品一样。

如果能够达到均衡化生产，就大体上规定了产品和零件的流动方式，所以这个储备点只要有必要的空间就可以了。例如，只要储备空间能放置 5 台底盘或者 10 个车头灯就足够了。

储备点已定、只放置很少货物的话，现场一目了然，可视化管理就变得很容易。

任何一个人都明白，如果哪个储备点放置的货物已经很满了，就表示超出了承受能力，如果储备点是空的，那么就要加紧工作了。

另外，储备点因为被黄色的线和架子清晰地隔开，绝对不能超出它的限度放置产品，因而，这里也能限制生产过剩和进程过快。

满负荷工作系统

通过布告栏方式可以进行迅速细微的生产指示，只制造将被领取的产品。这个布告栏方式的首要目的是规定只能生产被领取的物品，抑制生产过剩。

可是，在已经自动化的机械加工工序中，会有一些麻烦的问题。

机器会根据各自的能力而不断制造产品，可是因为每个机器的能力存在差别，机器间就会产生产品不均衡状况，或者即使后工序的某个机器出现了问题，前工序的机器仍然继续进行加工。

在没有作业员的自动化加工工序当中，如何很好地应对这些情况呢？或者说，在机器间如何实现只生产后工序领取的物品量呢？ 对这些问题进行思考并发挥作用的就是满负荷工作系统。

就是说，为防止后工序消化不了、前工序却继续生产的状况，就要通过限定按钮来自动停止前工序作业。

例如，若某机械的标准持有量是 5 个，如果持有量只有 3 个，那么前工序就要自动开始加工，持续加工到 5 个持有量为止。 如果达到了规定量，前工序依次停止，避免出现超过需要量的加工。

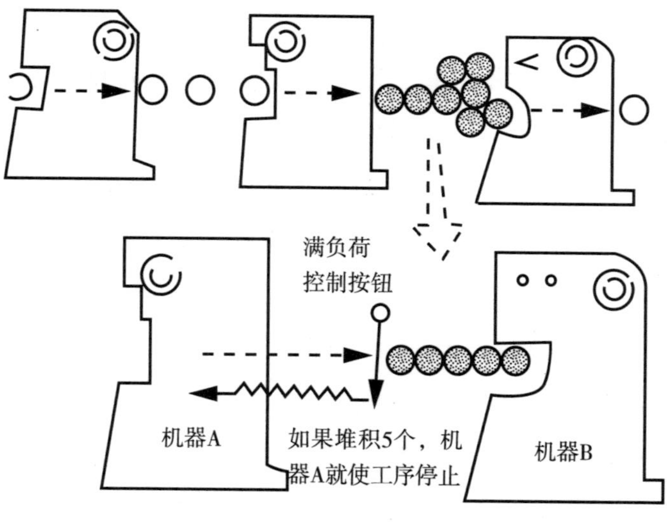

图 6－12　防止生产过剩系统

从后工序来看，后工序的标准持有量是 4 个，如果减少了 1 个，就要开始加工，送向之后的工序。 后工序如果达到了规定量，就要停止作业。

这样，为了常常保持各工序的标准持有量，各工序间就要联动地进行机器工作。防止生产过剩系统如 6 – 12 图所示。

在工序分离、有作业人员的地方，起到这个限制开关作用的是布告栏，因此，这个满负荷工作系统也被称为“电子布告栏”。

这种工序也可以应用

为了防止驱动轴旋转之际产生空转问题，在驱动轴里安装了平衡锤。平衡锤有 5 种，可以根据驱动轴的空转程度，选出适合的一种安装。当然，如果没有空转最好，那就一个也不用安装。因此，这 5 种平衡锤的使用量是完全不规则的，不像普通的零件，有了生产计划就清楚它的使用量。

因而，对这样的零件如不妥善管理的话，一方面可能立刻出现特急品，另一方面会不断积压库存。为此，工作计划和搬运计划不得不频繁变更，结果，在平衡锤的生产→搬运→使用的所有工序中，就会陷入持续制造浪费和做无用功的困境。事实上，这道工序在引入布告栏之前经历了各种各样的尝试，可都没有很好地解决，以致厂商们都死了心，认为“这种零件就没辙了”。

为了顺利地管理整个工序，首先第一步，要时刻准确掌握各工序中 5 种零件的库存数。第二步，要让这种库存的实际状态反映出来，进行不产生特急品和过剩库存的工作和搬运。为了达到这样的目的，这道工序引入了布告栏。

结果就解决了一直存在的问题，工作搬运和库存管理能够顺利地进行了。即：

①由于在现场安装布告栏，在任何时候都能够正确地了解现有货物；

②通过布告栏在工序之间巡回，任何时候，都能按照必要的顺序进行工作和搬运；

③结果，5种库存量能进一步保持均衡，可以大幅度降低库存量。

这个例子之所以宝贵，是因为常常有人认为“布告栏只适用于每天稳定使用的零件管理上”。确实，布告栏的原则中，“生产的稳定化和均衡化”是一个重要条件，但这并不是说“若不是稳定的零件就不能使用布告栏”。

就是说，我们要清楚地明白，布告栏决不只是使用量稳定的通用零件的管理工具，即使在使用量不稳定、乍看上去很难管理的特殊专用零件方面，布告栏也是有效的工具。

一般来说，使用量不稳定的物品生产中重要的是消除信息停滞的状况。能够及时频繁传递信息的布告栏方式的有效性就在于此。

不过，与需求稳定的产品相比较，会出现拥有很多持有量的场合。并且，要消除信息停滞，重要的在于消除加工停滞、缩短出品时间。关于出品时间，也已经在第二章中叙述过了，在此就不再赘述。

布告栏数量要少

在实施布告栏方式时，最重要的一点是布告栏数量要少。

不言而喻，布告栏的功能之一，就是向前工序传达信息，告诉前工序现在想要什么，但布告栏数量一多，就不能成为确切的信息了。例如，组装生产线中需要的零件有很多，如果布告栏数量一多，就很难知道真正想要的是什么了。

另外，布告栏更主要的作用，是作为现场管理和改善的工具，这一点在前面已经提到多次，布告栏数量少，就会极力抑止工序内正在进行的工作，当然就会使问题表面化。作为这种工具的布告栏数量一多，就会隐藏问题，就要花费工作时间制造布告栏，最后连安装、拆卸物品是为了什么都不知道了。

布告栏数量越少越好，并且越少敏感度越高。我们必须注意这一点。

如果开动脑筋，就能以各种形式发挥布告栏的用途，让它在提高现场管理水平中发挥强大力量。据说现场管理水平的高低根据布告栏利用程度就能了解大概。

至此，我们对布告栏的基本理念以及内容等进行了说明。如果不尝试实行“布告栏方式”，就无法真正理解它的本质。

“改善是永无止境的”。在丰田也是如此，目前的布告栏方式也并非一劳永逸，应该发挥创意、付出努力让其更进一步完善。

向外订货交易

具有强大能力的制造商要求供应商及时交付零件。这是常有的事。

这时候，作为零件用户的制造商，如果不改变自己公司的生产方式，仅仅向供货商使用布告栏，那么对于供货商而言，布告栏方式将变得简直像恶魔一样可憎。

布告栏方式是实现准时化生产极其有效的手段，但用户公司必须对自己公司的生产方式进行全面的相应改革，不能只将其应用于供应商。

布告栏方式只不过是丰田生产方式的辅助系统。丰田生产方式必须进行既有生产方式的全面重组。

如果后工序不以统一的数量和时间进行零件的领取，那么前工序就必须在设备和库存以及人员方面保持余力。因为制造商通过布告栏方式和供应商联系，所以如果制造商总以变动的数量订购各种零件的话，吃亏的是这些供应商。

因而，制造商必须把组装生产线上的紊乱降低到最小程度。

1950 年，丰田总公司的工厂开始着手实施在最终装配生产线和机械加工生产线间的生产线同期化计划。 最终开发了布告栏方式，渐渐地扩大到一道又一道前工序。

结果，1962 年以后，丰田的全体工厂中使用了布告栏方式。 并且在同年，丰田开始将布告栏应用到供销商。

1970 年，丰田使用布告栏的供货商增加到全体的 60% 。到 1982 年，丰田向 98% 的供货商应用“向外订货布告栏”，其中在本公司工厂使用“工作布告栏”（或者生产指示布告栏）的供货商又达到全体的 50% 。

月信息和日信息

丰田给供应商提供两种信息。

第一是在事前已经决定的月生产计划，这在上一个月的中旬传达给供应商。 供应商根据这个月生产计划决定下面的计划数据:

①各工序的生产周期；

②重新调整作业者的配置，进行标准作业组合，使其适合各工序的周期时间；

③将向供应商订购的零件以及材料的数量；

④将向供应商发出的布告栏的数量。

第二是日信息，是具体地指定实际供给顾客公司（就是丰田）的零件的数量。日信息采取两种形态，即布告栏和顺序计划表（经常被称为组合式订货表）。这两种形态的信息交替应用于丰田领取方法。

不过，丰田正使用着两种领取方法，即后补充方式和顺序领取方式。

后补充方式就是利用向外订货布告栏的方式。在丰田组装生产线的旁边，设置了很多放有零件和订货布告栏的箱子。

随着零件被组装生产线使用，这些箱子渐渐变空。之后，这些空箱和订货布告栏被按时用卡车运到供应商那里，卡车从供应商产品储备点领取装有零件的其他箱子。

下面我们来看一下顺序领取方式。

丰田会根据不同的情况，采用向供应商提示多种产品顺序计划表的方法。这样丰田就能够按照针对车辆组装生产线提供的车辆投入顺序计划表的顺序领取各种零件。这样的方式被称为“顺序领取方式”。

例如，丰田最终组装生产线上各种汽车的生产顺序计划表如果是“A—B—A—C—A—B—A—C……”，那么供应商组装各种变速器的生产顺序计划表就必须是“Ta—Tb—Ta—Tc—Ta—Tb—Ta—Tc……”，这里的 Ta 是针对汽车 A 的变速器。

顺序领取方式

丰田每天一次将各种零件的生产顺序计划表配送到供货商的电脑控制室。这个顺序计划信息被记录在供应商的磁盘上，计算机使用这个磁盘打印出贴纸，明确提示供应商的安装生产线上应该顺序组装的零件。

例如，阿易新精密机器股份公司（丰田的合作企业）的城山工厂，现在就在利用由丰田配送的磁盘。这个磁盘中记录着当天应该生产的各种变速器的顺序计划（可是，将来要用计算机的联机系统联结城山工厂和丰田，顺序计划就将以实时方式传达。这就是 VAN 的引入）。

这个顺序计划表被称为“组合式订货表”，在各产品进入丰田的四小时前，每小时被传达到组装生产线上，一天 16 次。我想提示大家的是，这里的出品时间极短。图6－13 表示了这样的信息流程。

后补充方式和顺序领取方式都不仅是针对供应商生产的零件，即使对于丰田内部生产的零件也适用。例如，丰田总公司工厂在领取上乡工厂生产的发动机时，对上乡工厂就采用了顺序领取方式。

在丰田内部，为了传达顺序计划，基本所有的工厂都安装了计算机终端。而在过去，要使用交互式打字机（传真机的一种）将手写纸带传送给装配线。

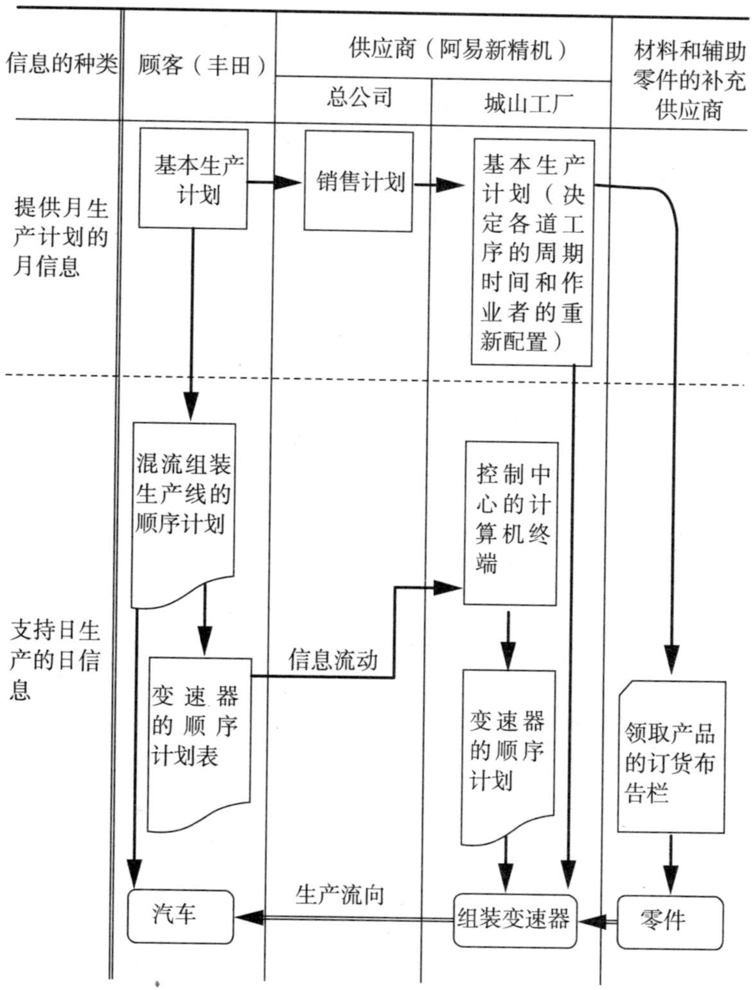

图 6－13 按顺序领取方式的信息系统

储备点的空间和零件的种类及尺寸

为了缩小储备点的库存量，必须使储备点的规模尽量变小。可是，如果从利用布告栏的准时化产出现状来看，前工序生产的零件的储备点中不可避免地要有一定量的库存量。这是因为：

①应用“定量、不定期领取方式”的时候，为了能够对应领取时间的不规则性，前工序必须保证一定量的产品库存。利用这种方式，之所以不能避免领取时间的不规则，是因为外部市场的需要是不断变动的。

②利用“定期、不定量领取方式”的时候，要应对后工序领取量的变化，仍然必须持有一些库存。利用这一方式，既然顾客的需要零散，领取量就不得不变动。

因而，布告栏恰当地管理着库存水平，可是我不得不说，没有库存的理想，丰田向自在生产的靠近依然没有实现。当然，如果全工厂能用看不见的传送带连接生产线，大概就能进行无库存生产或者自在生产了吧。丰田所具有的生产方式，距这个理想还很遥远，与自在生产相比，准时化生产或许更适合现状。

例如，在丰田的上乡工厂，产品（发动机）的储备点根据客户工厂和客户公司进行分类。另一方面，还要根据多种多样的产品种类进行分类，这样零件的总数量很可能就会增加。这就要求储备点的面积相当大。

因此，零件的尺寸占用了较大空间，同时，适应多种车辆的种类繁多的零部件（例如发动机、座位、减震器、挡泥板、车顶、车盖、特定的车轮完成品等），必须采用使储备点空间达到最小的顺序领取方式。

不过，如果零件尺寸小的话，就可以将一定数量的零件放入箱子，置于装配作业者身旁。另外，使这样的零件标准化，其种类也会减少，所以组装作业者看到贴在组装生产线汽车上的贴纸（装配指示表），就能够立即从堆积在生产线外的几个箱子中选出应该安装在那辆车上的零件。这种情况用后补充方式比较合适。

第七章

现场实际创建的标准作业

标准作业的三个要素

标准作业是现场进行高效率生产的基础，是监督者管理本工序的基础，也是进一步改善的基础。 这样，为了有效地进行生产，就要考虑到标准作业执行的各种条件，必须有效地组合物质、机器和人。丰田生产方式将这种组合的过程称为作业组合，这一组合汇总的结果就是标准作业。

标准作业由下面三个要素构成，缺一不可：

①周期时间；

②作业顺序；

③标准持有量。

在丰田生产方式中，标准作业的另一特征是，主要由组长自行决定这一标准作业。一般来说，在其他公司，标准作业是由作为第三者的技术员采用 IE 手法进行作业测定，并基于其结果完成的。

组长一旦决定了标准作业，就会指导作业者去遵守。标准作业必须能够由组长以合适的速度向作业者做操作演示，并且必须让第三者评价这一速度是否合适。

重要的是，监督者更了解自己所承担的现场工序，而制定的标准作业当然必须是自身能做的事情，才让自己的部下去做。监督者还非常有必要调查一下标准作业是否彻底进行、有没有难以操作的地方等不利因素。

因此，乍看会觉得那是一种非科学性的决定方法，但是制定标准的组长运用过去的工作经验和知识决定的这种标准，也并非不妥当。

但是，标准作业不能决定后就万事大吉，它是一个不断发展、未完全实现、需要经常反复改善的课题，无论是规定标准作业的监督者还是遵守它的一般作业者，为了相互间的进步提高，常常要留心作业改善，并基于这个改善目的反复修订标准作业。

我自身的经验证明，工厂的监督者如果在任何时候都使用未经修订的标准作业票，那他就是一个改善上的“无能者”。

计算周期时间的方法

所谓的周期时间是必须用几分几秒制造一台或一件产品的时间。这是由生产数量和工作时间决定的。

计算周期时间，要用工作天数去除一个月的必需量，得出平均每天的必需量，然后用这个数字去除每天的工作时间。

每天的必需量＝一个月的必需数量/工作天数

周期时间＝工作时间/每天的必需量

（注）每天的工作时间有差异时用时间表进行计算。

一旦确定了周期时间，也就决定了在那个时间里完成工作的每个人的作业量，但是，这种情况下不将一般工作研究中的剩余率计算在内。

这种情况下的工作速度、熟练度等标准，由组长自己设定。因此，当新人的工作效率与组长相当时就说明他可以独当一面了。

决定了周期时间后，就会由于作业人员的不同而产生个人差异。并且因为不考虑剩余，所以任何一个人都明白是否有浪费，这又与改善相关。也就是说，这就给了工厂一个改善的思路：当比周期时间超出了一点时，我们该怎样进行改善才能遵守周期时间呢?

作业顺序

作业顺序是指在作业者加工物品时，从原材料向产品依次变化的过程，它包括运输物品、在机械上安装拆卸等，这是伴随着时间的流动而进行作业的顺序，不是指产品流动的顺序。

如果不明确这个作业顺序，每个人就会按照自己喜欢的任意顺序进行工作，那么即使是同一个人进行相同的作业，每次的顺序也会有所不同。

还有，如果不遵守这个作业顺序，就会使忘记加工或安装错误的产品流向后工序，造成机器破损、安装生产线停止等情况，甚至会出现召回车。

另一方面，进行标准作业的时候，为了不出现浪费、不均衡、不合理的现象，作业顺序又必须具体地、定量地细作区分、把握现状。 例如，明确两手的使用方法、脚的位置、工作方法等，让作业者理解这些规则，并将其标准化。 让大家有一个意识：应该这样进行作业。 制定标准的人必须能清晰地表达自己的意思，那样才能拥有一个安全快速的生产高品质产品的作业顺序。

标准持有量

所谓标准持有量，就是为了顺利进行作业，工序内必需的半成品，也包含安装在机器上的产品。

标准持有量因机器机械配置方法的不同和作业顺序的决定方式不同而改变，但在推进作业的进程中，任何地方都没有半成品的作业是不成立的。

一般说来，即使是同样的机器配置，如果按加工工序的顺序进行作业，只有机器安装所需的东西就可以了，工序间不会有持有量；可是，如果按照推进工序相反的顺序进行作业，各工序间必须每制造一个产品就出现一个持有量（安装两个的时候就是每两个）。

标准持有量还包含这样的情况：因为品质核查的需要，在一些地方必须有几个半成品，或者不下降到一定的温度就不能完成后面的作业，或者为了把油用完必须有几个半成品。

标准作业很容易和作业标准混为一谈，可是标准作业和作业标准不同。所谓作业标准是为了进行标准作业而规定的各种标准。例如，热处理的时候对材料进行处理的温度、时间、冷却液的种类等，还有机械加工的时候车床和车刀的形式、形状、材料、尺寸、切割条件、切割油等，为了打造出规定的品质，把作业上的经济性条件作为标准。

在这样制定出的标准作业中，标准作业票被贴在各作业现场易于看见的地方，成为新的作业者开始进行作业时候的指导书。另外，老作业者已经习惯了那个作业，这也成为让他们不要进行标准以外作业的制动器。如果基于标准作业票进行作业时有不方便的地方，也就会引发其后的改善，从而制作出新的标准作业票和作业指导书。

另一方面，由于张贴了指导书和标准作业票，管理者对于作业者是不是进行正确的作业或者作业书中是否有欠缺就能一目了然。

在本章中举出的各种标准书的样式，是以丰田总公司工厂使用的样式为中心的。由于工厂不同，标准书多少有些差别，但基本上还是共通的。各个公司可以使用适合于自己工厂的标准书样式。

标准作业的确立方法

●各种零件能力表

为了创建标准作业，首先，每道工序都要把其零件的生产能力记录在零件能力表中。

这个零件能力表中记录了工序顺序、工序名称、机械号码、基本时间、刀具交换时间、个数以及加工能力。

零件能力表是进行标准作业的时候进行作业组合的标准，所以很重要。我在下文举了一个例子。

●根据标准作业组合单进行组合

将生产能力填入零件能力表后，接下来就是由每天的平均必要数量和工作时间算出周期时间，根据那个时间决定每个作业者以怎样的顺序进行作业。如果是简单的东西，就能按照零件能力表原样制造。可是要是稍微复杂的东西，在规定作业顺序的中途，常常不清楚这个机械自动传送是否已经结束。

因此，为了能用眼睛看到这个时间段的经过，作为决定作业顺序的工具，要采用“标准作业组合单”。

标准作业组合单中记录了作业顺序、作业内容、作业时间等。作业时间记录栏中以秒为单位刻度，一张表能够记录 2 分钟（根据纸张的不同也可以是 3 分钟）的作业。对于时间在 2 分钟以上、项目又多的作业，添加纵线和横线的话，一张也就可以了。

通过已经完成的标准作业组合单，作业者自己就可以在实际中尝试作业，并且能够确定能否按照那个顺序、那个周期时间来完成作业。

如果能按照组合单顺利进行作业的话，就要充分利用 TWI“工作的指导方式”对作业者进行有效而深入的指导，直到他们能够充分理解。

监督者给作业者分派的任务，必须能保证各个作业者在特定的周期时间内完成所有的工作。

另外，各工序的安排也必须保证各作业者的周期时间是相同的，且能够将各工序间的生产线同期化。图 7－1 显示了关于这种作业分配和工序安排的简单情况。

表7-1　零件能力表

㊎ 改　昭和五十年2月制成　　全页中页

科长	工长	零件能力表	品号	43202—36022	类型	RU，JU，HU	所属	姓名
			品名		个数	2　2　2		

工序顺序	工序名称	机器型号	基本时间 手工作业时间 分	秒	自动输送时间 分	秒	完成时间 分	秒	刀具 交换个数	交换时间	加工能力（960′）	备注　图示时间　手工作业 ——　自动输送 - - - -
1	两个中心钻孔	CE—239		08	1	10	1	18	140	1′30″	630个	中心钻孔器
2	粗刨外径	LA—1306		08	1	27	1	35	10	30″	530个	双切（横切）
									20	30″		双切（横切）
									80	30″		双切（外径）
3	精削外径中部	LA—1307		08	1	24	1	32	10	30″	548个	双切（横切）
									20	30″		双切（横切）
4	精削外径	LA—1101		10	1	32	1	42	40	30″	488个	双切（横切）
									20	30″		双切（外径）
2-1	研削外径30∮	GR—120		(15)	(2	21)	(2	30)	1，500	70′00″	680个	9″ 6″ 2′21″
2-2	研削外径30∮	GR—121		(12)	(2	21)	(2	27)	1，500	70′00″		6″ 6″ 2′21″
	（同一工序有两台）			14								记下一个的手工作业时间 $\left(\frac{15''+12''}{2}=13.5''\rightarrow 14''\right)$
3	拆卸拉力刀（两个装）	BM—131		(09)		(43)		(52)	700	5′00″	1，937个	
	（同时加工）			05				26				记下一个的手工作业时间 $\left(\frac{9''}{2}=4.5''\rightarrow 5''\right)$
4	30∮测定（1/5）			(20)								
	（每五个测定一个）			04								记下一个的手工作业时间 $\left(\frac{20''}{5}=4''\right)$
		合计										

表7-2 标准作业组合单（例1）

物品名称	$4320\frac{1}{2}$—36022	标准作业组合单NO.1	制作年月日	50·2·5	必要日产量	255	—— 手工作业
工序	转向节机器加工		所属		480/必要量	1分53秒	- - - 自动输送 ～～ 步行

作业顺序	作业名称	时间 手工	时间 输送
1	从货架取出原材料	01”	—
2	CE-239开始工作安装并送出	08”	1’10”
3	LA-1306开始工作　安装并送出	08”	1’27”
4	LA-1307开始工作　安装并送出	08”	1’24”
5	LA-1101开始工作　安装并送出	10”	1’32”
6	DR-1544开始工作　安装并送出	07”	34”
7	SP-101	07”	1’02”
8	MM-122	04”	—
9	HP-657	10”	17”
10	BE-410开始工作 安装并送出、洗净	13”	54”
11	安装螺纹接头并把成品放入货架	15”	—

作业时间　（单位1秒）

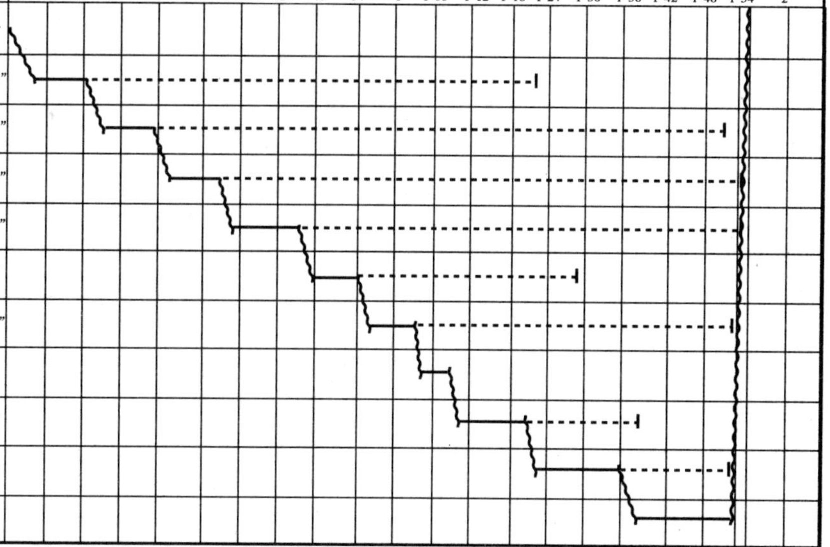

作业时间　（单位1秒）

表7-3 标准作业组合单（例2）

物品名称	圆盘轴	标准作业组合单NO.1	制作年月日	50・2・5	必要日产量	524	—— 手工作业
工序	粗刨内径～精刨内径		所属	11机器 143组	480 必要量	1分55秒	---- 自动输送 〰〰 步行

作业顺序	作业名称	时间 手工	时间 输送
1	取出原材料	3”	
2	粗刨内径外面	13”	27”
3	粗刨内径内部	12”	21”
4-1	BR-682精刨内径内外	14”	70”
4-2	BR-744精刨内径内外	14”	68”

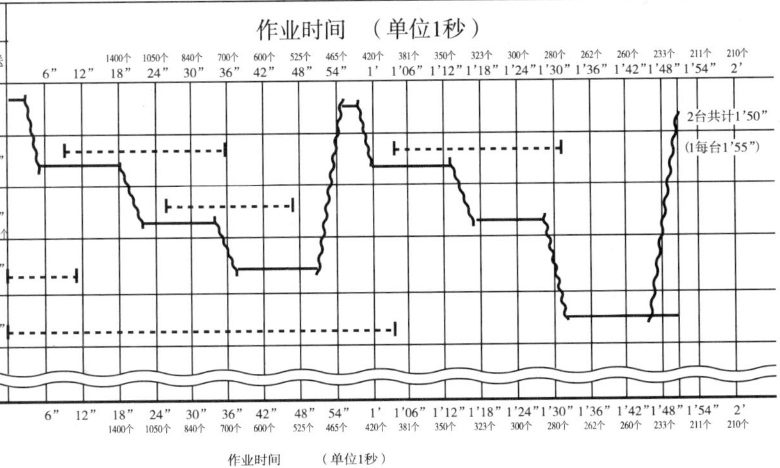

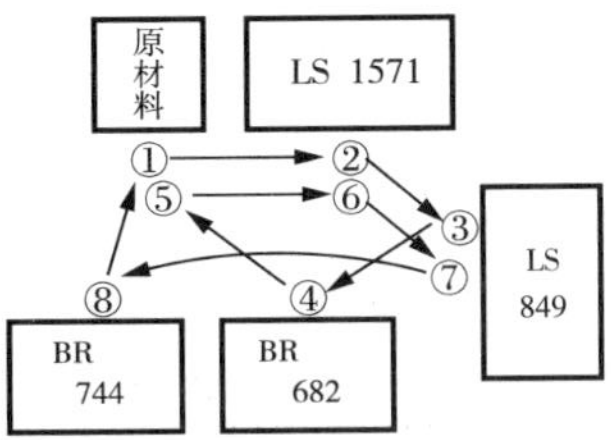

（注）

这个组装单组合下图中的工序。

第二道工序中白LS-1571和第三道工序的LS-849是工作BR安装之际机器切削的多轴自动盘，因此，在组合单中，手工作业中也是用机器切削。

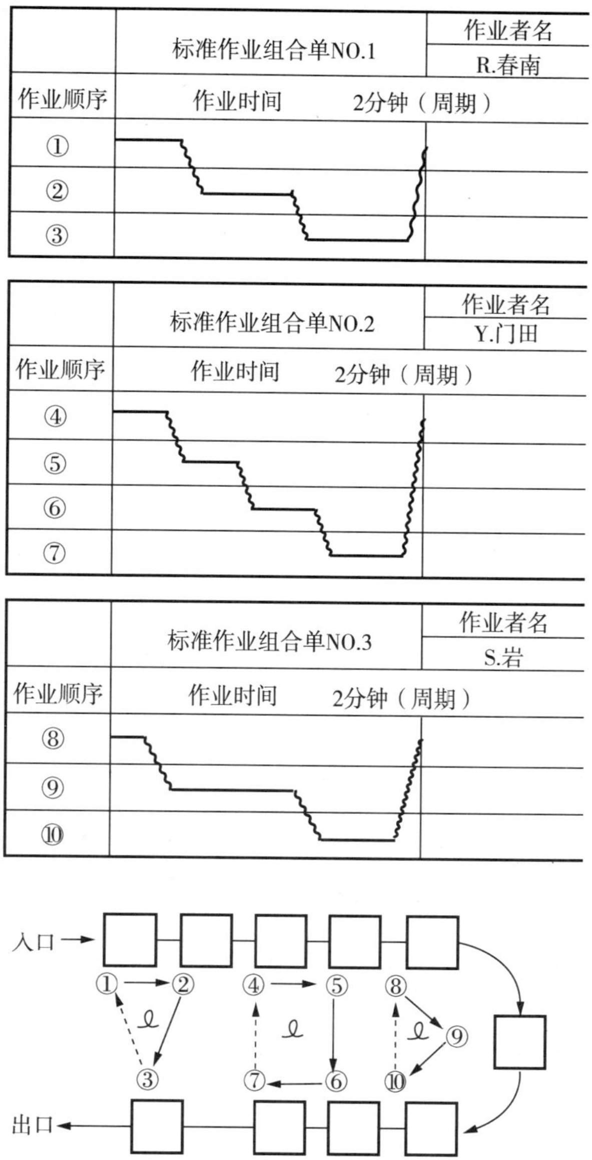

图7－1　作业分配和工序安排

关于作业要领书

作业要领书记录作业者进行作业时的注意事项。 它是供作业者使用的，写明了机械操作、刀具更换、步骤替换、零件加工、安装等作业顺序，每道工序中都要写。

因而，在作业要领书中要按作业顺序记录作业的内容，为了实行其作业顺序要点，也为了更容易了解，还经常插入示意图进行详细说明。 要点应避免抽象性的语言，必须尽量具体、定量地书写。

作业指导书和标准作业单

所谓作业指导书，是作业指导者对作业者进行标准作业正确指导的基准。

作业指导书是基于零件能力表和作业组合单制作而成的。 是随着作业的顺序，对每位作业人员的作业内容及安全、品质的要点进行明示。 所以这里用图表表示一个人作业的机器配置，记录了周期时间、作业顺序、标准持有量，此外，还记录了在什么地方用怎样的方法进行品质检查。 如果作业者按照指导书进行作业，一定能切实、快速、安全地完成作业。

表7-4 作业要领书

㊗新 改 昭和50年2月5日制成　　全页中页

科长	工长	组长	刀具更换　作业要领书	生产线名	加工环行齿轮生产线			所属	姓名
				工序顺序	4	机号	LS-494		
				工序名	精磨内径中部		倒棱		

	作业内容	要点（正确、安全、易做）	示意图
1	拧松切片 放松螺栓	同时左手按住制动器	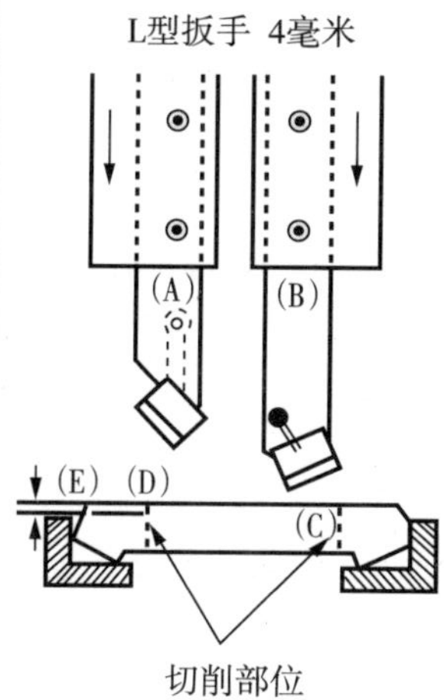
		用4毫米的L型扳手	
2	取下刀片		
3	清洁刀片和支架的安装面		
4	安装新的刀片制动器	安到里面	
5	拧紧刀片制动器的螺栓	按住刀片使其牢固	
6	取下、安装（B）时按1、2要领同样操作	精削（C）处的中部内径	
		预定尺寸 107.56~58 ③夹盘 107.66~68 ⑨夹盘	
		(D)倒棱（烧入研磨后完成2.5C）	
		(E)的内部（内径倒棱）1.8~1.9毫米	
		调整内径要安装刻度盘	
		稍微活动支架	
		替换刀片(A)240个(B)240个	

表7–5　作业指导书（加工实例）

㊪改 昭和五十年2月5日制成　　全页中页

科长	工长	组长	作业指导书	产品号	$4320\frac{1}{2}$—86022 (1)	必要数量	446台/日 (2)	所属	姓名 (3)
				产品名	转向节	分解序号	1/3		

(4) %	(5) 作业内容	(6) 品质 核查	测量	(7) 要点（正确、安全、容易做）	实际时间 (8) 分秒
1	取出原材料			用右手	03"
2	取下、装上、运走	1/50	目测	中间过浅给后工序的LA和CR工序带来危险	11"
3	取下、装上、运走			确实安装在两个中心	11"
4	取下、装上、运走			确实安装在两个中心	10"
5	取下、装上、运走	1/1	C	$22.5^{+0.25}_{+0.20}$，$33.1^{+0.25}_{+0.20}$，取下切粉	12"
6	取下、装上、运走		目测	从里面确认一下贯通状态	09"
7	取下、装上、运走			清扫安装面的切粉	09"
8	取下、装上、运走				05"
9	取下、装上、运走			绝缘管的油孔切成圆周状	12"
10	取下、装上、运走	1/10		清扫安装面	
		1/10	PS	光明丹80%以上	15"
		1/10	LF	$^{+0.25}_{-0}$	
11	清洗机、取下、装上、运走				
12	安装螺纹接头			拧紧	
13	刻印机、取下、装上、运走	1/1	目测	缺一不可	17"
14	完成品的台数				
				(9) 时间	1' 54"

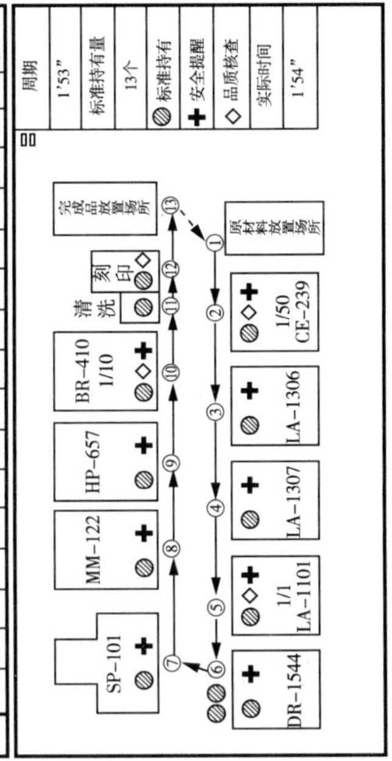

表7-6 作业指导书（组装实例）

㊎新 改 昭和五十年2月5日制成　　全页中页码

科长	工长	组长	作业指导书	产品号	45200—*****	必要数量	606台/日	所属	姓名
				产品名	转向支柱	分解序号	2/3		

NO	作业内容	品质 测量	品质 核查	要点（正确、安全、容易做）	实际时间（分）秒
1	取齿轮箱暗转治具			限制水平	03″
2	把部分支柱嵌入钢板放入齿轮箱内			旋转柱体并以滚轴为中心进行安装	15″
3	安装金属板			转动并拧紧螺栓	33″
	安装动力转换装置				
4	安装动力转换装置			安装好后回到1/3或1/4进行装置	15″
5	装入套管、系上螺栓夹			门闩距离600–700kg/cm	12″
6	取下、进行滚动传输				04″
					1′22″

周期	1′24″	标准持有量	2个	◍ 标准持有	✚ 安全提醒	◇ 实际时间	实际时间	1′22″

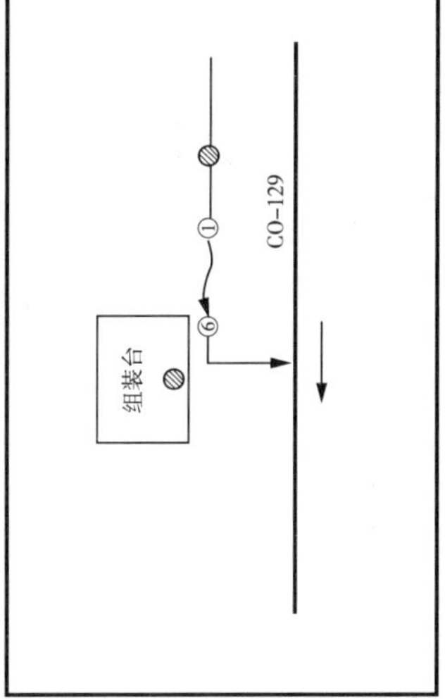

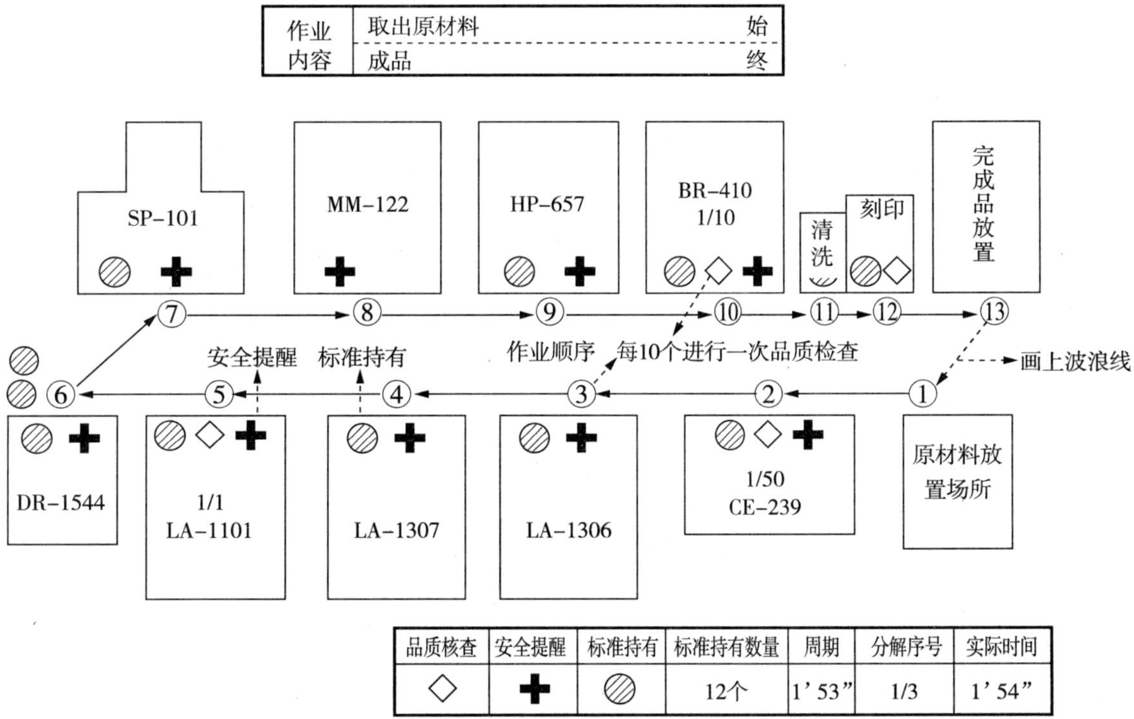
作业内容
取出原材料
始
成品
终
SP-101
MM-122
HP-657
BR-410
1/10
清洗
刻印
完成品放置
安全提醒
标准持有
作业顺序
每10个进行一次品质检查
画上波浪线
DR-1544
1/1
LA-1101
LA-1307
LA-1306
1/50
CE-239
原材料放置场所
品质核查
安全提醒
标准持有
标准持有数量
周期
分解序号
实际时间
12个
1’53”
1/3
1’54”

图7-2　标准作业单

通常，将作业指导书中的机器配置图记在 A3 大小的规定用纸上，并且记录了作业顺序、标准持有量、周期时间、实际时间、安全、品质检查等各个项目，挂在现场机器加工生产线和组装生产线上，这被称为“标准作业单”。

悬挂在工作现场的“标准作业单”在无声地表明着：监督者希望大家如此作业。

监督者有很多部下，要记住分配给每一位部下的全部作业是非常困难的。因此，看到“标准作业单”，就能够确认作业者是否按照“指示”进行了正确的标准作业。另外，对于那个标准作业本身，还能够发现是否有新的浪费和欠缺。

另一方面，管理者根据这个“标准作业单”评价监督者的能力，同时，也能调查在现场的各个作业者是否正确进行了标准作业。作业者进行了错误的作业时，监督者就将这个标准作业作为基准，指出作业者存在的错误，并提请注意，这也实现了“可视化管理”。

作业的组合（搭配、编组）

前面我们已经叙述了，所谓标准作业就是为了实现更有效的生产，把物质、机器和人进行组合的一种集约化方式。

在此，我们再来考虑一下其组合。

为了能顺利地取得各工序间的合作，有必要进行组合搭配，也即作业组合。就是说不要严格限定各人的作业范围，要使承担的范围相互搭配，进行团队协同工作。

例如，如果使各人的作业范围固定化，作业快的人接连不断地推进自己的作业，作业慢的人面前则会积压货物。 结果会使作业快的人产生待工时间，作业慢的人急躁而使不合格品流向后工序。 这样，生产数量就由作业慢的人的产量决定。

因此，为了防止这样的缺陷，必须让各人的作业范围相互搭配，使作业状态变得轻松。

因为作业者相距过远很难合作，所以为了使作业容易实行，要尽量缩短机械间隔，以近距离的形式进行合作。 必须避免单人孤岛式的机械配置组合。

如同笼中鸟一样用机器把人围起来，这种配置在团队工作中是不应被采用的。

有了合理的作业范围搭配，作业者即使因为一些事情中途离开或者缺勤，都能由两边的作业者来替补，虽然单位时间内的生产量多少有些下降，但可以通过延长作业时间来确保生产量。 如果是组装生产线的手工作业多的地方，这个方法的效果尤为显著。

大野语录

相互帮助（游泳接力和陆上接力）

游泳接力的时候，无论快的人还是慢的人，都承担一定的距离，可是陆上接力赛，在递交接力棒的范围内，快的人可以弥补慢的人的速度。

在作业生产线中也必须采用陆上接力的方式。

监督者为了提高生产线的能率，事先制订递交接力棒范围是很重要的。

●远离陆地的孤岛

如果把作业人员孤零零地安排在某个地方，他们之间就不能够相互帮助。如果进行有助于工作组合、相互帮助的作业分配和作业配置，就能实现少人化。

●流水作业与流动作业

流水作业是在货物流动时工序不断进展，如果仅使用传送带搬运货物就不是流水作业，而是流动作业。流动作业制造了几座孤岛，不能有效地利用待工时间。

作业者之间的平衡与整体能率

作业者之间的平衡与整体能率，换句话说就是按照指挥进行生产，不进行过剩生产的意思。 某个作业者如果只顾自己追求高效率、快速的工作，产品就会堆积在下一个作业者的面前，随之也就增加了整体的作业量，同时也增加了失误的几率。

这从整个流水线来看反而降低了生产效率。

一般情况下，多个人按照顺序进行作业的时候，必定有瓶颈的作业工序，这道工序就决定了流水线的能力。为了提高流水线的整体能力，必须帮助这个瓶颈工序的作业者，但是，实际上，由于做得很快的人迅速制作完成了产品，就造成了瓶颈工序作业者面前的产品堆积，这样反而拖延了时间，降低了整体效率。

为了防止出现这样的情况，必须明确规定作业标准，并使作业者遵守标准持有量、周期时间、作业顺序，如果产生待工，就进行重新编组，使作业者之间达到平衡。

另外，即使取得了作业者之间的平衡，也有很多的事不能做得很完善。在多个人工作的流水线上，会时常出现一些不均衡现象。

在这种情况下，提早完成的一方尽量支援做得慢的一方就有可能使整个流水线的效率提高。即使进行工序的分派，也最好是让作业者在工序的交接处能够互相帮助。

在非常重视作业者个人效率的工厂，工厂整体效率不能提高的情形非常多见，这是因为作业者之间的不均衡现象使得工作迟缓。这样不但不能使作业者的作业成本降低，反而出现不少成本上升的情形。

这就是因为把生产效率这个名词只限定在个人的作业速度上，不考虑整体平衡的结果。

工厂整体效率与作业者个人效率、流水线效率对成本的影响同样大。 所以提高效率应优先考虑工厂整体的运作。

标准作业的推进方式

监督者让作业者彻底地遵守标准作业是非常重要的。

无论多么完美的标准作业，作业者如果不遵守的话，就没有通畅的作业流程；监督者就必须为解决突发事故、解决不良的作业而奔走，监督者就不得不应对很多无意义的工作。

另外，为了让作业者理解遵守标准作业，监督者自身必须首先充分了解、掌握标准作业，对作业者进行深入、透彻的培训指导，直到作业者能够领悟。

必须把遵守标准作业的理由说清楚，并强调不遵守的后果，让作业者具备做出好产品的愿望，及对待产品品质的责任感等等，这些启发很重要。 对于不遵守标准作业的情况，一定要追究其原因，并且必须把标准作业改变为任何人都能简单地遵守的标准。

监督者很重要的一点是检查标准作业实施后的结果，对于异常状况，彻查原因，寻找对异常状况的处置办法。 其结果是监督者明白了标准作业自身不完备的地方，及时进行修正。监督者要把修正的内容和理由彻底地对全体员工进行公布。

另外，监督者基于事实考虑问题，发表看法的态度也很重要。监督者要了解作业者是否按照标准作业进行作业、标准作业的重点是否被充分把握等事项，所以不断地到作业地点巡查检验，把握现场情况，在现场对作业的做法进行实地指导也很有必要。

标准作业是改善的基础。“现在的标准作业是唯一的最好的标准作业，所以没有改善的余地”这样的话千万不能说。标准作业一旦设定，并不是说在这之上没有更好的，标准作业本来就是由于改善的需要，层层积累而产生的，必须将现有的标准废弃埋葬，经常改善，新的标准才能诞生。

世界在进步，新的方法在不断产生，只效仿潮流就只能维持现状。所以如果有那样的现场，认为标准作业无论什么时候都不改变，以为改善已经到头，维持现状就十分满足，认为没有问题，那就是一种相对的退步。不断推行改善，修正标准作业，这才是监督者的任务。

作业组合的变迁

技术革新日新月异，丰田的制造技术也不能例外。机械工厂和锻压工厂的机械配置、作业的做法、组合等等最初并不是现在的状态。像现在这样以极少的零件流动到最后工序，是因为进行了基于零件分类的工序顺序的机械配置，彻底完成了布告板式的思考方法，还进行了作业的组合配置等等，是在这些改善的基础上积累的结果。

比如，我们回顾一下机械工厂当初的状况：

①各机器单独配置，每台机器都必定有一个作业者，有时甚至有两个作业者；

②在机器切削的过程中，作业者站在机器前面监视；

③零件被放在地板上或箱中，放置的地方离机器很远，有的时候放在很难取到的地方；

④滚轴式传送装置上面也被作为零件放置场所使用，零件堆积如山；

⑤机器高度不一；

⑥完成品由检查工检查，一次收入完成品仓库，再从那里运到组装生产线；

⑦如果完成品少，会被认为是作业者怠工，所以数量是越多越好。

像上面那样的状态，其实不限于机械工厂，在其他的工厂也会常常看到。 怎样进行改善呢？ 下面就以机械配置为中心，谈一谈作业的变迁史吧。

●单独配置——一人一台

最单纯的配置是每台机器配一名作业者。 并且作业者给机器安装零件之后，在机器切削的过程中，就只是一动不动地看着或者用刷子清除切削粉屑。

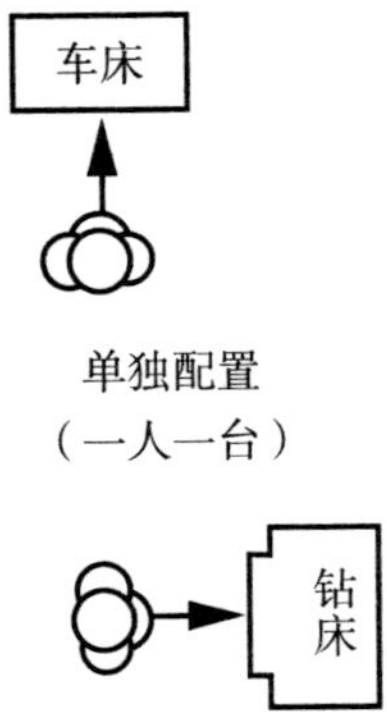

图7-3　单独配置

这是待工的浪费。 机器切削过程是机械在作业，而不是作业者在作业。

当时，看管机器的时间都被包含在零件的基准时间内。因此机械切削过程中作业者在旁边看的时间，当然也被包含在零件加工的时间内。

●机器种类类别的配置——一人两台

在单独配置那样的状态中，产生了非常多的待工浪费，于是，就考虑尽量消除浪费的办法：在一台机器切削的过程中，不是可以进行另外一台机器零件的安装、拆卸吗？ 使用这种方法把机器按照“二”字形和“L”字形配置，并且改变成一人两台机器（昭和二十一年（1946 年）~昭和二十二年

（1947 年））。

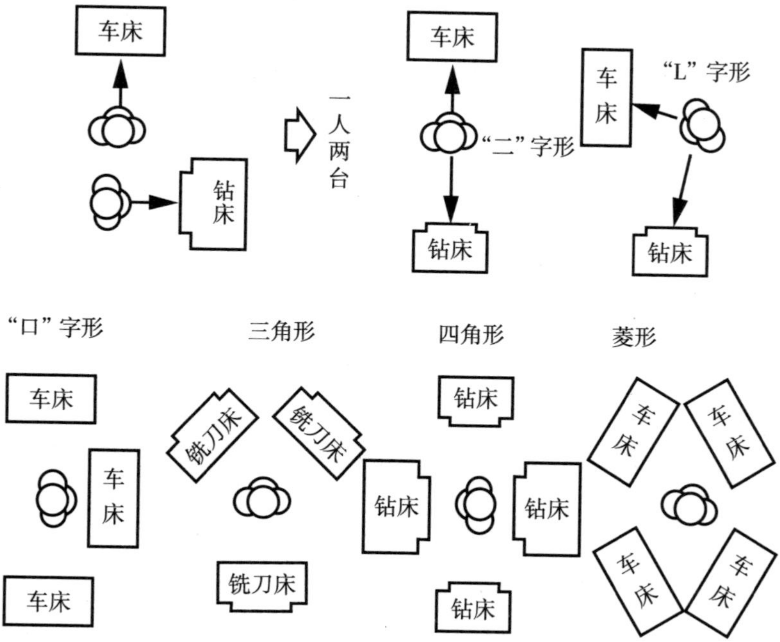

图 7－4 一人应对多台机器

这种方法，比起一人一台机器的作业的优点多出很多，但是一人两台机器作业，作业者经常担心一台的机器加工到哪了？ 不能集中精神对一个作业，不能安心地进入下面的作业。

那么在机械切削的过程中，为了使作业者能够安心地进入下面的作业，到底怎么办好呢？ 这样思考后就出现了像下面那样的改善。 首先，想办法达到下面的状态：当切割到必要的地方时，自动传输装置就自动断开，或者机器自动停止；用火钳清除切割粉屑，即使沾上切割油，作业者也不必一个一个用手清除；实行刀具的标准化（刨刀和切割机的形状和研削方法）等等，这样，作业者就能安心进行作业了。

如图7－4所示，一人两台机器也能进行作业，如果场地更充裕些，把三台机械以三角形等形状配置，或者把四台机械以四角形或菱形配置。

当有很多同种机器时，作业者一人的生产量上升了，但是却造成了半成品过度增加。例如，切削车床、钻床的加工部分结束了的半成品，在各自的工程前堆积如山，多出的零件不能进入生产流程，完成制品也需要花费相当多的时间。于是，针对这个问题的讨论被提上了议事日程，工序顺序的配置问题也开始得到改善了。

●工序顺序的配置

按照机械种类进行的配置，结果造成了半成品的过度增加和零件搬运量的增加，出现了效率非常低的现象，同时也让我们明白了这种配置的不足之处。

于是，为了抑止诸如此类的半成品过度增加的现象，进行了相应的改善，尽量不运送零件，即在现场很快加工成成品等等。

例如把机械按照车床、铣床、球形床等等零件加工的顺序排列，从机械种类的配置过渡到工序顺序的配置。

按照工序顺序的配置进行作业的作业者走的距离最短，

并且实现了从当初的一人一台到一人进行好几台机器的操作。但是，作为流水线的整体来看，就出现了“孤岛”这样的现象，难以形成整体的平衡。这样做的结果，是在工序间，产生了结束各工序产品的积压，并且也不能根据生产台数的变动来进行人员的配置。

当时，正值动作分析盛行的时代，那时作业者一步也不走动、在一个场所以最少的动作进行生产是最好的方法，而来回走动是最不好的。这是把生产效率只看作是作业者一个人的劳动效率，而没有整个流水线来考虑同期效率和方法效率的结果。

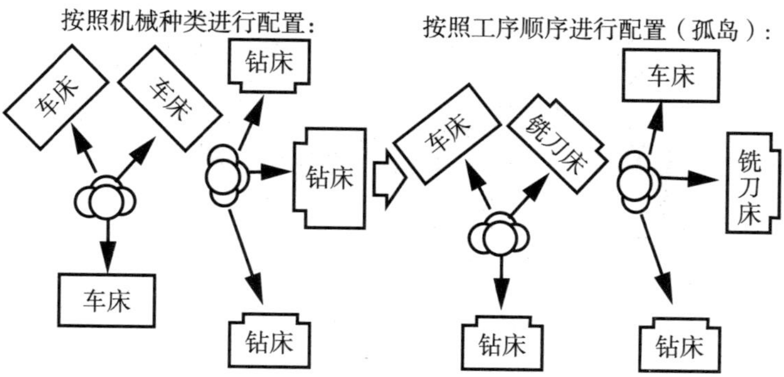

图7－5 人与机器的配置

●流水线生产方式的兴起

于是，为了更好地使物品流动，提高生产效率，使作业者意识到：走动也是工作的一部分，从以前的作业者那种被机械包围的状态中解脱出来，在昭和30年代的后半期，这样的配置也出现了：把机械按直线排列，从而使作业者能够走动着进行作业，并且一个人持有几台机械进行作业。

把机械进行直线排列，生产线就各自独立出来，在这种情况下，人员配置就和生产台数相关，出现了“零点几个人”这样的小数。由于不能进行“零点几个人”的人员配置，所以结果就成为一个人的人员配置。这就出现了生产过剩的现象。

所以，把几个流水线进行组合，把“零点几个人”的工作吸收合并分派给一个人，这种与生产台数的变动相对应的人员配置利用作业组合进行，能够根据需要进行生产。

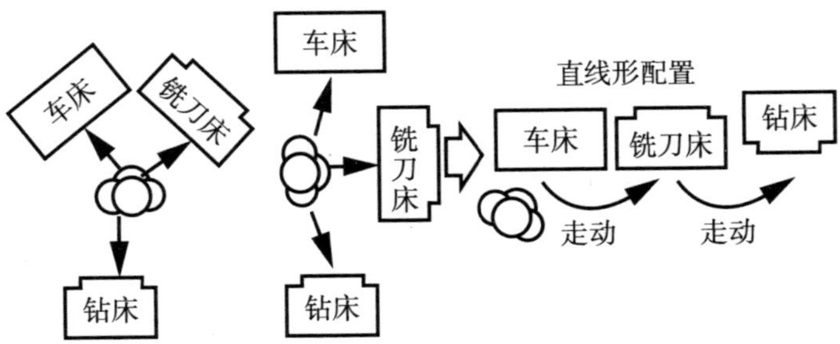

图 7－6　直线排列机器

联结“U”形流水线

为了克服作业者的小数问题，丰田决定把几个“U”形流水线统合为一个流水线，对其进行配置的时候，如果遵从标准作业组合设定的顺序，就能够与车的生产量的变化相对应，给各个作业者以适当的作业分配。

下面的这个事例示范了怎样运用这个联结“U”形流水线的概念达到减少作业人员的效果。

现在这里有 6 条不同的流水线（A—F）组成的连接作业，假设各流水线制造不同的齿轮，根据 1 月的月产品需求量，这个连接作业的周期时间是 1 个制成品 1 分钟。 并且在这个周期时间内，有 8 个作业者在进行该作业操作（参照图 7－7），在这里用箭头描绘了各个作业者的步行路线。

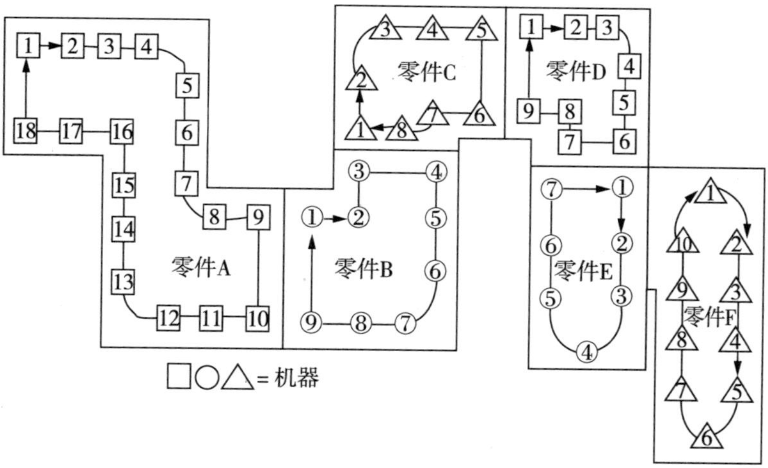

图 7－7　制作 6 种零件（A—F）的连结流水线

但是到了 2 月份，对相同产品的需要量减少，这个作业的周期时间增加到 1 个制成品在 1.2 分钟。 其结果是这条接流水线的整体作业在作业者之间进行再分配，各个作业者必须承担比 1 月份更多的作业。 图 7－8 显示了各作业者的步行路线由于作业的再分配而扩大的现象。

这样的情况下，作为追加的工作，作业者 1 必须接受在 1

月里作业者 2 做的工作的一部分。 作业者 2 必须接受在 1 月里作业者 3 所做的部分工作。

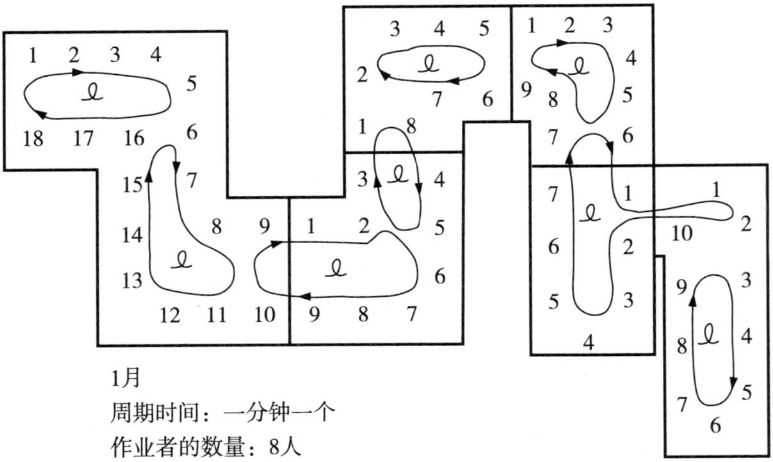

图 7－8　一月份作业分配

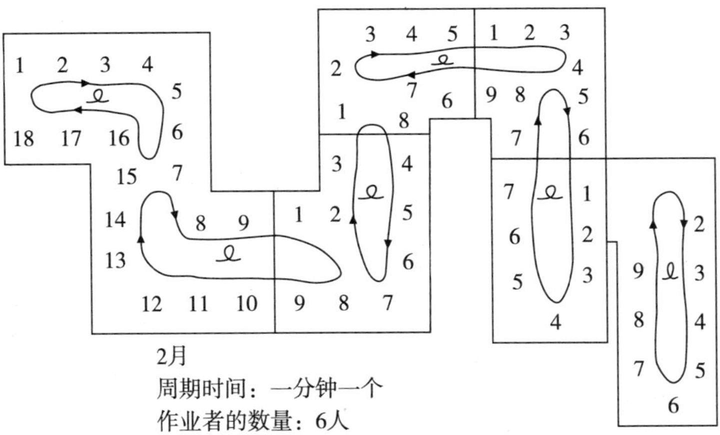

图 7－9　二月份作业分配

像这样各个作业者步行路线扩大的结果，作业者 7 和作业者 8 就从这个连接流水线中退席了。依此，在直线形配置下有可能出现的零数人工，在这个连接式的配置下，被多个流水线吸收，以其整数的形式减少了作业者。

第八章

利用改善减少工数的推进方式

首先是熟悉现场

正确地认识现场作业的内容；了解作业中的浪费；依据布告栏式的管理方式，抑制过度的浪费；作业中的浪费以待工形式显现出来，这样的可视化管理一旦形成，“节省损耗——作业再分配——减少人数”的减少工时数的活动就非常容易展开。

因此作为减少工时数的促进方法，首先就是从分析现场作业开始。

可是，如果认为“使用现在的作业方法，流水线的运转率非常高，不合格产品率也被控制在比较好的范围内，作为整体，不是很合格嘛”的话，就不会产生改善的欲望。可以说是自己掐断了改善的萌芽。无论在什么样的现场，细致观察的话，所说的作业或多或少都能像下图那样区分。把各个部分用图示例的话，就像下面那样。

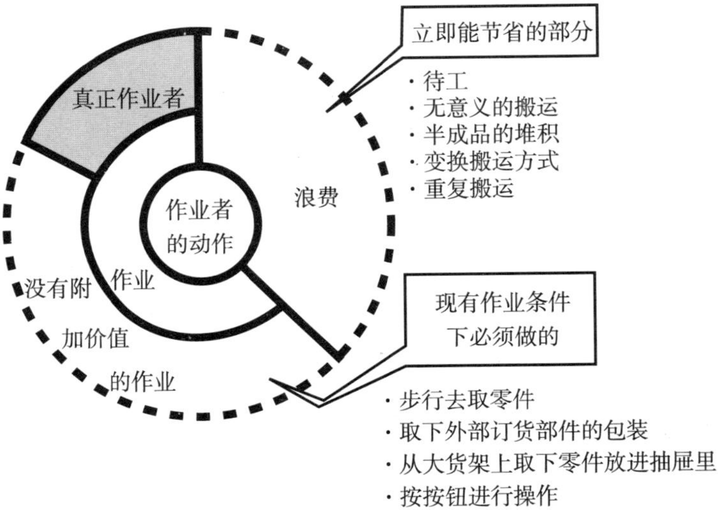

图 8－1　各种作业的性质

●浪费

浪费是在作业过程中产生的不必要的东西，也就是应该立刻节省的东西。

（例）待工、无意义的搬运（半成品的堆积、重复搬运、变换搬运的方式等等）。

●没有附加价值的作业

这是指没有附加价值，但是在现在的作业条件下必须做的作业，这也可以认为是浪费。为了节省这种作业，必须改变作业的部分条件。

（例）取零件、取下外部订货、产品的包装、从大的货物架上取下零件放入小抽屉、按按钮进行操作等等。

●提高附加价值的真正作业

所谓提高附加价值的作业，就是加工（变形、变质、组装）的工作。也就是为了制作零件和产品，对原材料和半成品等加工对象进行加工，给予其附加价值的作业，这个比率高的话，作业效率就高。

（例）组装零件、锻造原材料、锻压铁板、焊接、淬火、涂装车体等等。另外，在现场，作为标准作业的例外动作，有时也对常见的设备、治具不好用的地方进行修正、重新调整不良产品等。

这样一考虑，就会明白提高附加价值的真正作业的比率是很低的。并且，真正作业以外，完全都是提高成本的要素。

减少工时数的目的，是为了提高真正作业的比率，要以100%的真正作业为理想，尽量地接近这个目标。

作业的再分配

在现场作业中，对于没有附加值的作业，如果不怎么费钱，而且对于前工序也没有很大影响的话，就应立刻进行改善。比如，步行去取零件的时候，通过移动零件架来节省步行时间。像这样，在调整了流水线之后，再进行个人作业的再分配。分配在作业周期时间中，时间就只给予真正作业和现在无论怎样也不能节省的作业。

请参照图 8－2，必须特别注意的是，不能像图中的反面事例那样“把作业者（4）的余力（浪费）4 个人平均分”。

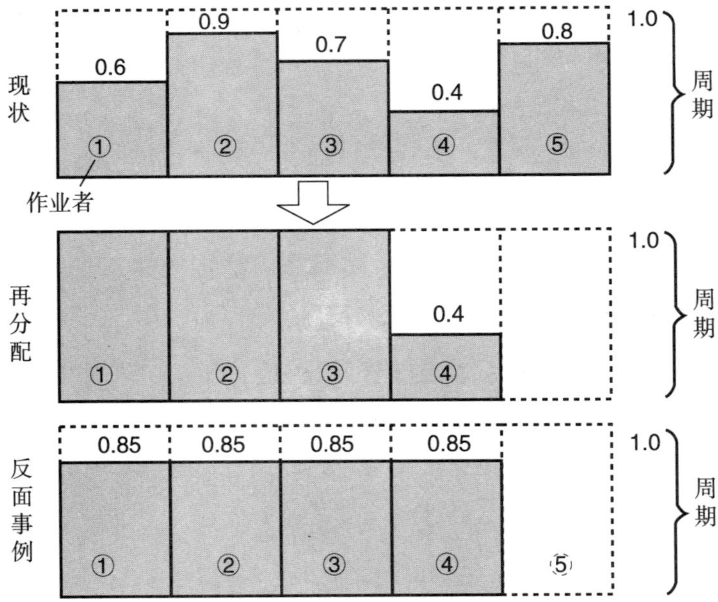

图 8－2　作业再分配

那样，好不容易弄清楚了浪费所在，改善的必要性也产生了，但是平均化了以后，又隐藏起来了。并且，全体以 0.15 那样的浪费持续工作的话，用 10 天左右的时间，相应的作业进度也就完成了。所以，对于下面的改善，就会产生抵触心理：认为工作量增加了，变得更加费劲了。

如图 8－2 所示，节省 5 个人做的工作浪费的结果，是 3.4 个人就能完成。但是，因为没有 0.4 个人，做这个工作仍然是 1 个人。也就是说，这样做能减掉 1 个人，但另 1 个人只有 4 成的工作状态。

像以上那样，进行工作的再分配，首先，能减掉作业者（5）。其次，重要的是作业者（4）的零头的工作。从结论来看，0.4 人工的节省就成为下面的改善的目标。

针对这一改善目标，大家提出了各种各样的提案。在各种提案中，有设备自动化这样花费较大的提案；也有制作传送带把走路时间缩短的提案；也有把货架变小，放在手边的经济型提案。

在这个阶段，很重要的一点是不选那些花费过大的提案。目的就是节省 0.4 人工，要采用符合这个目标的最经济易行的提案。

这样，5 个人做的作业就能以比较少的金额减 2 个人。接着，再一次重新估价流水线看看。仔细一看，又会发现一些看漏了的浪费或者没有附加价值的作业，“现在没有办法再做，但是不能想方设法停止吗”那样“令人担心”的作业也出现了。收集这些想法，向再减 1 个人这样的课题挑战。

这次，肯定不能像前面那样简单就能进行下去。无论采取哪个提案，都过于费钱，或者对前后工序有相当大的影响。有些时候或许不能立刻实现，但千万不能放弃想法，要带着问题意识每天检查生产车间，那么或许什么时候就会得到启示，考虑出非常好的提案。

另外，由于销路改变周期时间，或者产品更新换代导致计划改变等新需求产生的时候，这些提案就有可能被催生实现。所以，现在不能做的事情，不能放弃，要以十分的耐力做下去，这非常重要。

从作业改善到设备改善

前面我们按照“消除浪费→作业再分配→零头工数的改善”的顺序对推进降低工时数的方法进行了说明。我们用前面的分析来看一看：

①有浪费立刻节省；

②对不产生附加值的作业从能够简单做好的地方予以改善；

③留下真正作业。

但是，在推进降低工时数的过程中，（2）中困难的是如果花费金钱就可能停止。（3）的真正作业，因自动化可以节省人手，有必要的话，必须迅速地实行。换句话说，（1）（2）（3）无论哪个作业都必须成为改善的对象，有些时候必须全部实施。

如果从作业改善到设备改善这一顺序早就胸有成竹，那么在现场实行降低工时数的活动的时候，就不必按照上述顺序实施，同时并行的效果有时反倒更快。

如果我们把改善的提案大致分一下类，可以分为“作业改善”和“设备改善”。 前者要决定作业上的规则、重新进行分配，明示物品的放置场所等，后者要引进装置，使装备自动化。 具体实施的时候，必须从作业改善开始，其后再进行设备改善。

其理由如下：

a. 设备改善需要钱。但我们的目的是减少人员。如果用作业改善能做到，那么花费很多的钱进行设备改善就不能不说有方法上的失误。

b. 设备改善不能够更改。计划时以为某个改善方案最好，但是做的时候很可能失败。一般说来，发现试行中的错误之后，才能增进改善。作业改善失败了，原地再改没有问题，但是如果是设备改善，那么以前的投资就全部浪费了。

c. 在没有完成作业改善现场进行设备改善，失败的可能性非常大。在还没有形成作业的程序化、标准化的地方，也就没有什么通用性机器，所以设备改善很容易失败。例如，在材料管理不是很好的工厂，引入锻压自动化后，常会因为异质材料的混入，使模型和自动装置损坏。这种情况其实很难处理，因为如果采用一人看管自动机器，也就不能降低工时数了。

基于以上原因，在丰田生产方式中，就一直强调从作业改善到设备改善这样一个顺序。这特别适合于推进自动化的进程，自动化本来就是一种设备改善，而且是以降低成本为目标的降低工时数的手段，我们已经反复强调多次了，但是在现实生活中，很多设备改善都是只以自动化为目标，和现场的作业改善脱离了关系。

有的工厂因作业改善不充分，使得好不容易花重金购得的自动装置运转不良，出现大量故障、运作效率非常低，或者是没人看守就不能运转等等。如果自动化的推进造成了这种结果，那我们确实有充分反省的必要。

大野语录

> 作业改善就是在运用现有设备的基础上，实施最好的方案。它是一种思考工作的方法。

以人为中心进行思考

如果从必要数量数算周期时间，其中，人又是百分之百劳动来进行组装程序的话，那一个人其实是能够对多台机器进行作业的。这时候如果你认为“机器闲置是一种损失”，那就大错特错了。既然有能力完成必要生产量，那么机器的运转率降低决不是浪费，倒不如说是一种有效的使用方法。

在生产过程中，在必要作业之外做的很多事情都是无用的，所以工厂不应以机器的运转为中心进行生产，而要以人的作业为中心考虑作业组合，进行标准作业，这对降低成本非常有利。

另外，我们考虑工时数时都以人工为基准，有时计算上的工时数会出现0.1或0.5人工，但是在现实生活中，即使是0.1个人工也需要一个人。

所以，即使把一个人的工作降低为0.9个人工，结果也并不能降低成本。只有减少人数才有可能真正降低成本。

所以，工时数的改善最终还是以减少人数为根本点。特别是在引入自动化装置时，如果能节省0.9个人工，仍然残留着剩下的0.1个人工，那结果是钱花了，人员也没有减少。这就是我们经常可以见到的所谓省力化。实际上，在丰田生产方式中，与降低成本相联系的是省人化，省人化与省力化有着很大的区别。

从省人化到少人化

在经历了昭和四十八年（1973年）的石油冲击之后，汽车工业的产量达到了顶峰，但是我们都知道，自动化的实施不能像减少生产量那样减少人数。当时自动化广泛应用的是定员制。

这里所说的自动化就是物品不需要人手就能转移，因此，自动机器逐渐大型化。所以，人做的实际是机器的辅助作业，机器不能自动化的部分才成为人的作业，结果，人就围绕着自动化机器进行工作。

所以，生产量和作业人员的数量没有关系。无论产量多少，只要这个机器在运转，就需要三个人的作业，这就是自动化实行定员制的原因所在。

遇到这种情况当然会很麻烦，工厂必须在生产量减少的时候也减少人员，这就是实行少人化的方法。

大野语录

●省人化

在省力化的改善中，即使减少0.5个人工也并没有实际的意义。

只有节省人数，才能与成本的降低相联系。我们推行的不是省力化，而是省人化。

●少人化

虽然以省人化为目标推行了自动化，但在减产的时候，减少的人数与产量不成比例。这是由自动化的定员造成的。在经济稳定增长的时期，工厂要打破这个定员制，形成与生产量相对应的人员流水线。

要打破自动化的定员制走向少人化，第一步就是重新彻底审视自动化本身。

在实际操作中，并不是某个作业能自动化就尽量自动化，而是要考虑是否有必要进行自动化。例如，彻底的作业改善后，还残留着0.2人工这个零头，那么工厂就要考虑如何把这个数字变为0，只有这样，才有自动化的必要。

图8-3 自动化体制下实行的定员制

实现少人化的第二步，就是把人的作业区域与机器的作业区域集中在一起。自动化机器一般都很大，几个人之间的作业区域距离很远，并且经常是几个人各自的工作量都是零头。这时就可以把1做的工作交给2，或者2的工作集中到3。

减少工时数的做法

在丰田生产方式中，减少工时的做法是形成“待工时间”，变更作业组合。

如图 8－4 所示，从 A—F 六个作业者，按照周期时间是每 3 分钟制作一个产品，那么这六个作业者每人都会有待工时间。于是，把原来 B 的工作分一点给 A，再让 C 的工作填满一个周期。这样顺次让每个人工作量满负荷，结果，F 的工作没有了。于是，首先排除 F。

还有一个例子，在从 A—E 的流水线中，E 有 1 分钟的周期时间，但他只有 25 秒的工作量，当然五人的流水线没有改变。这时候，就应该考虑怎么把这 25 秒的多余时间从 A—E 的流水线当中消除掉。

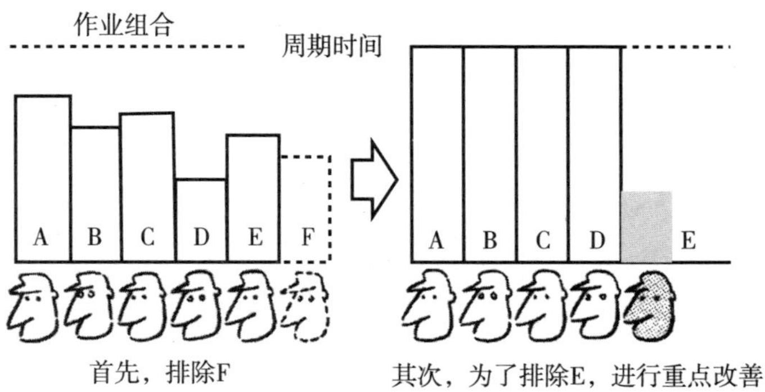

图 8－4 变更作业组合，减少工时数

例如，可以把零件放在旁边，或者把工具整齐地从上到下排列，以减少替换拿工具的时间等等。 这样，25 秒就可以节省下来，E 也可以从流水线中排除。

但是，如果在现有基础上无论如何都不能取消 25 秒，那就只好稍稍装配一下工具，把用手工工作转换成机器作业，这样就能节省 25 秒。 这里应用的就是从作业改善到设备改善的方法。

如果作业现场有两台以上的机器，就把机器的按钮反方向安装。 安装按钮的位置非常重要。 作业人员从第一工序开始工作，如果在走向第二工序的过程中有按钮，就可以边走边按，多余的作业就没有了。

配置设计的考虑方法

进行作业组合之后，很多情况下会引发配置设计的问题。 下面简单说明一下在什么样的情况下会遇到困难。

首先，关于“孤岛”的例子用在这里比较合适。 如果一个人像在孤岛上作业，那么即使有了待工也无法互相帮忙。同样，如果作业者处于被机器包围的状态下，也难以互相照应。 这种现象被称为“笼中鸟”。

其次，如果是较长的设备，那物品的出口和入口就隔得很远。 放材料和取材料的地方要分开，所以必须是两个人负责。 如果出口和入口在相同的地方，可以来回折返地取放物品，那么就可以由一个人来做，还不会出现待工。

另外，传送带的使用方法也有问题。有了运送物品的传送带之后，现场的整体设计就得延长，人就被孤零零地隔开了。这种情况下，“孤岛”之间没法互相帮助作业，丰田对这种情况的对策就是，立刻取消传送带。

丰田认为，与其用一个速度比较快的生产线作业，不如尽量用多个短小的生产线。

在重新进行设计的时候，当然必须满足物品流、人的流动和信息的流动这三个条件。其中最重要的一点是，是否形成了流动作业。从这种意义上说，绝对不能采用只是集中安排某一种机器的按功能分类的方法。

下面，我们来论述一下配置设计的要点。

●出口和入口设在一起

①入口和出口设在一起。为了在各道工序中确保及时生产，在每道工序中，物品的入口和出口要设计在相同的地方，保证出一个进一个。这样就把工序之内的待工维持在一定的限度内。

②固定人员作业区域。人员的安排可以只在物品的出口和入口，其他的地方没有人也可以。所以，把入口和出口放在一起，是一种固定人员作业区域的设计，能够进行高效的作业。

③消除无用动作。在只能靠人进行加工的工序中，出口和入口设在一起能消除往返活动这样的无用动作。这一点可

以参考第三章中“以某种齿轮加工为例”。

④能够依据工作量，实行少人化。出口和入口安排在一起，就能具体地设计“U”字形、圆形等作业流水线，这样不但达到了（3）所要求的效果，使无用的动作消失，还可以按照工作量，在仿“U”字形、圆形等设计中增加或减少人员。

如果只是把一个工序安排成一条长线，人员总是来回地走动，必然降低效率，这一点通过以上的讲述大家应该已经理解。

●尽量集中员工的作业区域

“孤岛”、“笼中鸟”的做法之所以不好，正如前面“降低工时数的做法”中所叙述的理由。

●以人为中心的设计

我们常常看到电源设备、控制设备等放置在生产车间的正中，妨碍了人员的活动。这个或许是在安排配置以前的问题，但是因为在现实中比较常见，所以我不得不提醒尽快进行改善。

●不要用一个动力装置驱动两个以上的流水线

即便是驱动装置有余力，但是要同时驱动A、B两个或两个以上的流水线，那A、B都可能出现问题。如果只想要A、不要B，那么就把B挪走。

●仓库开口宽，深度浅

在布告栏方式生产中，品种虽多数量却都很少，所以仓库的设计以宽浅为原则。

改善的实施

在决定了改善提案之后，如果不在实施的现场实验一下，还是不能知道结果如何。例如减少浪费的作业，要把四个人的作业减少一个人，由三个人来做。把作业重新分配给三个人后，可还是有0.1人工的剩余。如何节省这0.1人工呢？理论上是可以的，但是如果再强制推行，就很可能会遭到作业者的反对，结果不得不放弃实施。

所以改善的结果很重要。工厂在开始实施方案之后，要有耐心，直到最后实现减员。如果想节省15秒，就可以考虑缩短走动的时间、把零件放置场地调近、使货架变小或者一次性操作按钮，使产品取放自动化，让工具从上面垂吊下来等等。关键是工作人员要以这项工作为中心，不断思考解决的办法。这个过程中，一个微小的发现可能就是一次启发，一个灵感也可能形成一个好的对策。

另外重要的一点是改善提案的固定化。改善提案确定后，马上就要作为新标准来实行，让作业人员务必采用。因为没有固定下来、临场调试的东西是起不到什么作用的。设备、器具、传送带之类的东西进行改善时，必须保证这些完全能使用，不能中途放弃或搁置起来；刀具更换和模型程序的标准作业也必须让作业人员完全掌握。对标准的改良也包含在内，关键是必须彻底地做完。

另外，无论多么好的改善提案，如果没有作业者之间的配合，实现起来就很困难。为了得到作业者充分的理解并得到良好的互相协作，必须注意下面一点。

●要让作业者承认自己有空闲时间

要让待工的作业者在待工时间什么都不做。例如周期时间是 1 分钟的流水线，作业人员自己担当范围的作业 40 秒就能完成，剩下的 20 秒就要站在那里。这样，大家就都清楚那个人有闲暇时间，即使再给他增加一个作业也不会有什么异议。

第九章

做好品质安全

改善的真正价值在于保证品质

对于制造工业来说，生产出优质的产品，是最重要的。

不管你的产量有多少，如果质量不好，顾客就不会买。哪怕你的成本再低，如果换不回金钱，就是损失。特别是对于汽车来说，安全性能特别重要，如果为了追求低价，把偷工减料的产品投放到市场上，就会违反社会性，对公司来说也是致命的伤害。

也就是说，在作业中最应该予以重视的事情是确保质量。因其他的理由而轻视这一点无疑是本末倒置。

那么，所说的确保品质的作业究竟是什么样的作业呢？

和过去不同，现在的各工序都是分工生产，很少要求作业者的直感、熟练程度，可以认为，在所有的作业条件中，实行标准作业就是为了确保品质。换句话说，应是为了能确保必要的品质，才产生了标准作业。所以，如果品质高低不一，就要将依靠目视和量具的检验作为一个工序放入到标准作业当中。

在这样的环境中若是产生了不合格产品，就要考虑是不是由于没有按照标准作业进行生产引起的，或者是不是由于机器设备、模型或是器具等等的故障引起的。下面我们讨论一下前者。

时常听到这样的言论“减少了工时，导致不合格产品增加了”，“过于强调减少人数，结果影响了品质”等等。但是，正像前面叙述的那样，这个情况如果用丰田生产方式来评价就是本末倒置，是绝对不应该发生的。

如果我们看一下现实中出现的问题，大致有以下两个方面：

①认为在单位时间里增加了工作，就把必须做的作业也省掉了，或者是忘记做了。也就是说，并没有减少无用功，反而省掉了不该省的东西。

②因为以前工时有余裕，所以有中间库存和返工的可能性，这样，本来在表面看不出来的不良品生产，由于降低了工时数而被表象化了。

第①种情况在使用传送装置的组装流水线上特别常见，

这个错误是由作业迟缓、问题发生时也要维持流水线不停而引起的。

之所以在单位时间中工作怕来不及而省掉某些作业，是因为“流水线不能停止”这种想法过于强烈。作为监督者必须让作业者彻底地了解，即使停止生产线，也要把完整的产品送入后面的工序。

这种情况下，也就没有拘泥于流水线的速度和周期时间的必要。也就是说，大家必须明确一点，周期时间和人数没有关系。作业者以自己的速度把必要的事情全部做完，那就是一个周期的工作完成了。如果在这个周期时间中不能保证做完，那还是停止流水线的好。如何使这种情况和周期时间吻合，完全是另外的策略，那是管理者、监督者或是技术员的工作。

例如，在某个作业中，作业员做完第一工序到第五工序需要70秒，但周期时间是60秒，这就多出了10秒。这时，当然不能把多出来的10秒中途掐掉。作业者做的是普通的作业，如果中途停止10秒能保证质量，那就应该完全停止。

消除各道工序中的浪费，用缩短走步的距离等方式来达到60秒完成五道工序的工作，这样的改善，是监督者或技术员的工作。他们的工作做好了，才能保证流水线不停止。不对作业工序进行改善，却想杜绝流水线的停止，当然会出现品质上的问题，这一点在丰田生产方式中是严厉杜绝的。

第②种情况是这样的：尽管以前也经常出现不良品，但是工厂没有解决根本的问题，只是用其他方法在内部进行了一些修正。在人员和库存都减少的情况下，这个现象便清楚地浮到表面上来了。

例如，前面工序中的不合格产品在自己的工序中得到了改正，但是并没有把相应的情况充分反馈到前工序，前工序也就不能针对问题采取弥补对策，而自己的工序中也得不停地去修正前面的不足。反复出现这些情况，真正的原因就被搁置，由此耗费的工时和库存便会使成本提高。

降低工时，就能使这些不好的方面表面化，成为改善的契机。监督者和技术员要把不良品一个一个返回相关的岗位，并且时常到前面的工序看看，彻底追查原因，以求问题的根本解决。这就如同停止对慢性盲肠炎患者的消肿等维持措施，而改用手术彻底消除病状，以恢复身体元气。

这种思考方式非常适合前面说到的由于机器、设备、模型及器具的不良状况产生次品的情况。当监督者了解了由于设备的原因而产生的不良状况之后，就必须立刻停止流水线，不让不良状况继续发生。

有时，即使后面工序的作业人员联系了相关的设备岗位，但对方总不来解决问题，于是不得不在自己的工序中努力进行不良产品的修复，不知不觉中这些修复工作似乎就变成了正常的程序。工厂方面仅凭一份委托书或一个电话是不行的，必须从根本上思考对策，直到合格产品的出现。

检查不产生附加价值

最后的工序中如果有不合格产品，就很可能被顾客购买。但是，一般情况下，在不合格产品出厂之前，都可以通过检查程序发现并改正。从工厂方面来说，不合格产品绝对不能出厂，这样的决心越大，检查也就越严格，返工的事情就越多。由此，成本便越来越高。

检查员所做的是工序外的工作，这原本不产生附加价值。所以，对于制造的东西，各道工序必须用量具实行检查，确保是合格产品。另外，应该具备“返工是不该出现的”这一意识。工序外的检查和返工人员的数目越多，工序的附加值比例越低，产品的成本也就越高。

某个产品因为检查了10回，所以售价定得很高。这种情况在市场上是行不通的。因为不产生附加值的作业是无用的。工厂好不容易在直接作业的工序中减少了浪费，降低了工时，如果出现了不合格产品，就得增加检查和返工的工时。那样和前面做的努力就互相抵消了，弄不好还是负数，因此与原来的降低成本的目的背道而驰。

所以，既然工序外的检查和返工都是浪费，就要尽量地减少这些浪费。换句话说，尽量做出好的产品，这样不但检查员轻松了，产品也不需要返工，必然能降低工时。

在工序中打造品质

过去，制作出来的产品由检查员检查后才进入下面的工序。但是，全部完成的产品即使得到了好或坏的鉴定，不好的产品也无法变成合格产品了。

另外，如果检查员进行抽样检查，难免会有漏掉的情况。几千个中即使有一个不好的，对购买了的顾客来说几率也是百分之百。为了避免这样的事情发生，所有的产品必须全部经过检验合格才可。

这时，我们可以考虑不设专任的检查员，把品质鉴定分放到各道工序里。

在工序中进行品质鉴定，是每个作业者都该承担的责任。这就是说，在工序内的每个作业中确保产品的品质，确保良好的产品进入后面的工序，所以要把检查置于工序内，剔除不合格的产品。要有这样的意识："不合格的产品是现行犯，一定要抓住它"。作业者要勇于怀疑自己制作的产品，所以检查是必要的，而且必须全数检查。同时，前面的作业者要把后面的作业者当作顾客，绝对不能让不合格产品流入后面的工序，这是在工序中保证品质的基础。

检查方法多种多样，除目视和用量具检查外，还有一个必须考虑的方法是自动识别。

此外，像高速自动锻压机那样进行批量作业的工序，将50个或100个放在传送带上，检查第一个和最后一个，如果两个都是合格品的话就挪到货架上。如果后面有不好的产品，就要调查是从哪儿开始出现的不合格产品，在除去不合格产品的同时，采取措施防止同样的问题发生。这也是一种全数检查。绝对不要为了速度只进行抽样检查。

如果在后面的工序中仍然发现不合格产品，那就必须赶快联络前面的工序，接到联络的岗位必须停止加工，追究原因，采取对策。如果后面的工序不赶快联络，不合格产品就将不断被传送过来。

另外，还有不合格产品的返工问题。出了不合格产品的工序，绝对要接受返工。如果认为这不过是小毛病，只需后面的工序重做一下即可，那么不合格品就会越来越多。无论什么情况，出现不良品的岗位责任者必须认真改正。

不要写死亡诊断书

我们现在来看一下由检查员进行检查作业的情况。

这里所说的检查，指的是判别合格产品和不合格产品，然后把检验的结果统计起来返回给前面的工序。但是，只做了这些还算不上十分称职，检查员要分析为什么会产生这样的不合格产品，查明原因后，也应该考虑如何能消除这种现象，而不是只以合格或不合格的评定来结束工作。检查员必须是能说明为什么错，以及可以教给对方怎样不再犯同样错误的导师。

例如，产品表面上呈现的好像是零件的组装错误，可真正的原因会有很多种，比如没按照组装的顺序排列零件、流水线的停止按钮和开始按钮相隔太远、作业指示难以看清楚等。查明这些原因，才能采取适当的对策，最终减少不合格产品。

所以，检查员的工作目的不是找出不合格产品，而是如何把不合格产品的数量变为零。他的价值也要由此来评价。

自动识别

为了在一个工序中做出好的产品，作业者必须考虑需要检验哪些要点，测定哪个地方、刀具该在什么时候更换等等。

所以，要解决这样的问题，需在器具、安装工具等上面想办法，安排得好，对前面工序的制成品的检验自然地就进行了。也就是说，把自动识别纳入工序中，就能随时发现不良产品。

并且，要把自动识别标准化，这样能够保证在作业者轮班的时候，也能用很少的工时生产品质稳定的产品，这一点非常重要。

如果一边作业一边进行测定，随着项目进行检验，那么无论多么小心，都会有马虎大意的时候。而自动识别的存在，使得作业者即使没有处处留意，也能自然地修改不合格产品、作业错误、操作过失以及其他的不当操作。

它的功能具体说明如下：

①作业有错误，器具就不安装；

②物品有不合适的地方，机器不开始加工；

③作业有错误，机器就不开始加工；

④自然地修正作业错误、动作错误，并进行加工；

⑤在后工序中检查前面工序的异常情况，阻止不良品进入安装；

⑥一旦忘记作业，下面的工序就不开始。

当然还有其他的一些功能。

自动识别的方法，有以下几个方面：

①标识方式：是指安装指示灯，以色彩鉴别，眼睛容易发现。

②治具方式：不安装异类的产品，安装错误的时候，便停止工作，在器具方面下工夫。

③自动化方式：加工过程中，有不合适的地方就停止机器工作的方式。也有人把这种方式列为自动识别。

设计自动识别的时候，最重要的是在损失最小的时候发现最容易控制的地方。

安全高于一切

我们往往说覆水难收。机器等各个设备，即使破损了，花钱还能够复原，人的身体负伤了，完全恢复的可能性就很小。如果有死亡事故等灾害发生，那是用钱也不能完全解决的。安全高于一切，所以在丰田，安全被置于第一位加以考虑。如果不考虑安全，也就不存在降低工时的事情。

以安全为基准来考虑降低成本，就必须想到降低工时数的所有方法。我们时常看到在安全的名义下不推行改善活动的例子。这样我们就有必要再一次返回原点，重新考虑一下工作的目的，认为“多一事不如少一事”是不会有进步和发展的。

安全和工数降低乍一看好像是相悖的，但是这两者的推进方法其实完全一致。之所以如此说，是因为降低工数也是为了消除无用、浪费和混乱。

也就是说，各个生产工厂的灾害大致上就是由这些无用、浪费和混乱造成的。工厂中做了最好不做或难以做成的事，结果是造成了浪费，导致事故的发生。

无用混乱的东西是造成事故的根源，消除这些浪费也与安全紧密相连。

一般说来，问题很多的现场，日常管理往往是不充分的。整理、整顿、清洁、清扫、作业顺序、作业要领，这是一些应该经常留意的事情，但是一些工厂确实视而不见，因此灾害多发；相反，关注降低工数、改善活动的工厂发生灾害的次数就很少。

现场越单纯就越容易管理，也越容易发现异常情况。

所以，关于作业方式，有必要单纯化一些。

单纯化了的作业方式，也基本上没有无用的动作，不但易做，也易于管理。在这个意义上说，作业越单纯，不安全的行为也越少。即便是做了不安全、不稳定的作业，也能立刻发现。这样的管理就是“可视化管理”。

所以说，通过降低工时数来使作业单纯化，在安全方面是非常重要的。

整理、整顿、清洁、清扫这四项工作由现存的人、物和设备构成。所以，如果人和物多，机器和设备的配置计划不好，即使做了四项工作，也不能完全达到目的。即使想整理原来趋向复杂化的东西，也有个限度。并且，我们不能忽视，现场的人物和设备不是各自独立的，而是互相复杂地联系在一起的。比如说，人一多，就会导致生产过剩，增加了库存，相应地，还需要整理、搬运、保管、返工的人，从此也就进入了恶性循环。

工厂就是牵一发而动全身，就是复杂化被正比例地推进，通过降低工数，尽可能地抑制住复杂化的倾向，对推进安全管理是非常重要的。

大野语录

> 处理掉不要的东西是整理，任何时候都能取出想要的东西叫整顿，只是整齐地对物品进行排列叫整列。现场管理必须有整理和整顿。

不用说，创造安全的作业环境，并在全公司推进是非常必要的。第一步就是建设没有浪费的现场，为此必须创造容易发现浪费的环境。先要做成一份作业要领文件，其内容如下：

①作业条件；

②作业步骤；

③作业时间。

此后要遵守这个要领文件，创造一个安全的生产现场。

这里我们要下一个结论：降低工数和安全紧密相连，为了创造安全的现场，就要推进降低工数的活动。

简易的自动化有可能发生事故

简易的自动化并不是真正的自动化，它只是非少人化的省力设备，人如果在那样的场合起不到当值作业员的作用，机器可能无法充分工作。而真正的自动化里备有自动停止的设备，有异常情况发生的时候，它就开始工作。这一点无论从安全的角度，还是从工数的角度，都很重要。

在某个机器工厂，出现了下面的情况。其实这样的事情在自动化的工厂里非常常见，所以我们要来分析一下。

在如图 9－1 所示的一个工序中，翻转机切断了人的手指。本来作业者的工作只是把自动组装的零件装箱。那里有如图 9－1 中所示的 7 个流水线，是一个人完全可以承担的作业量。可是在现实作业中，如果没有三四个人时常在各个流水线中穿梭，如果那个流程不充分运转的话，就不能完成指定生产量。所以那是一个非常快的流程，满负荷工作以及确认通过的开关按钮没能够被充分地整理，即使出现了异常，机器也不能停止，所以引起灾害的东西就在“自动的”自动机器里面。

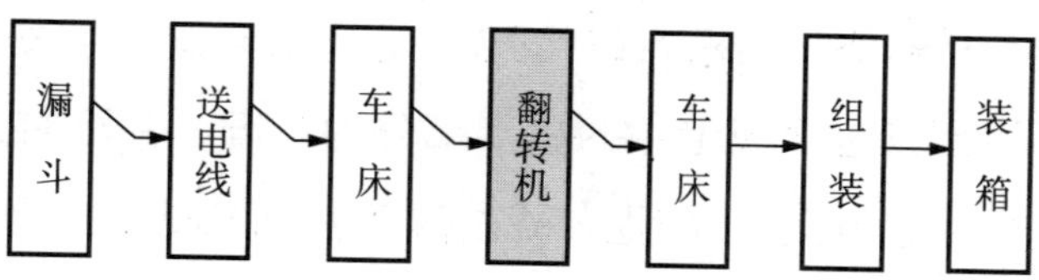

图 9－1　简易自动化的工序（例）

面对这种情况，一个站在改良立场的人可能就有了想法“为什么不一个人做呢”，结果，改善了工作流程之后，就产生了真正降低工数的安全作业现场，并且保证了以后类似的事故不再发生。

一触式启动危险吗

丰田现在也开始在压力机等机器中采用一触式启动。 其实，这种方法很久以前就被机器工厂采用了。 但是这里一个条件是拥有很多台机器，这样就能节省一些时间。 但是同时，安全性的问题也被提到了桌面上。

压力机的启动，原来是用双手往下按到底，这就造成了时间的浪费，再加上步行的时间，所以，本来拥有多台机器的优点现在也不存在了。 那么，为什么以前采用双手按住按钮按到底的方法呢？ 原来，那是为了遵循日本劳动安全卫生法。 在劳动安全卫生法中规定：压力机等机器，在驱动锋利的刀具的时候，必须采取措施防止身体的一部分进入危险界限。 但是，在身体的一部分进入危险界限的时候，具有刀具突然停止构造的压力机不在此列。 这里提到的两手按按钮方式，不过是以这个规定中的后半部分为标准，并没有遵循这个规定的本来意义。 作业人员在两手进行按按钮的动作的时候，如果有第三者存在，启动者要是不注意，那么所谓的自动停止装置也难以发挥效力。

所以，并不是说一触式启动不行，而是说机器不能没有紧急停止的装置，这样才能防止人身体的一部分进入了危险限度后会发生的事故。

所以，如果有了身体的一部分一进入危险区就能急速停止的装置，即使用一触式启动也可以。 但是，不用说，那样的安全装置，在发生故障的时候必须停止。 而且最好它在人的身体不接触时也能工作。

最近，压力机和自动焊接流水线中采用了上述思考方法。 例如，250 TS 级的压力机，在快门的下端挂着钢线，有什么东西牵着了流水线，界限开关就启动，压力机就不再运转；在自动焊接机的旁边放了脚踏板，当上面有人站着的时候它不会动。 上面两种情况，都是利用一触式启动的例子。

当然这些还只是初步的装置，如果更加进一步改善，那就要把所有的按钮都换成一触式的。

我们注意到，本来以为考虑安全问题就没有什么新办法了，于是对作业的合理化改进便停止思考，但是一重新回到最根本的作业目的上，就发现还是有一些既安全又合理的作业措施的。 图 9 – 2 中所示即是一例。

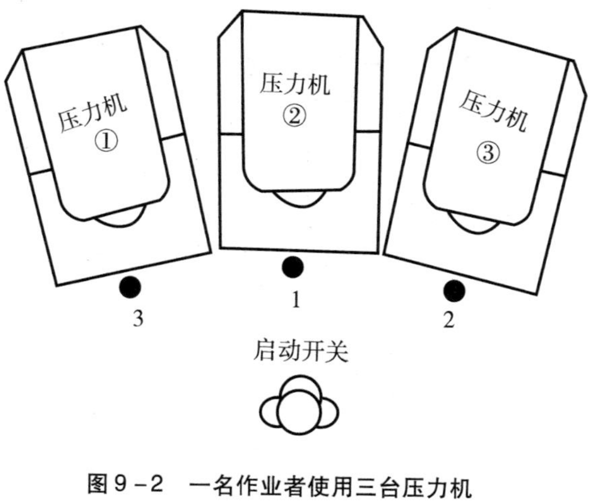

图 9 – 2　一名作业者使用三台压力机

现场监督者的作用

“降低一成成本，就等于销售额增长一倍”。确实如此，无论哪个企业，都把降低成本的活动看得很重要，如果在这一点上马虎，企业的基础就从根本上动摇了。

实际上，推进降低成本工作的监督者的作用非常重要，他们对企业也能作出很大的贡献。

在一轮的生产周期运转之际，监督者该做怎样的精神准备、采取怎样的行动才能降低工数、与企业的目标相吻合呢?

一般认为，监督者有两个基本的作用：一个是保质保量；另外一个就是为降低工数而进行改善活动。

一方面保证质和量，另一方面要以最少的人和设备进行操作，一看之下，似乎包含相反的因素，但是实际并非那么简单。但是，如果把重点放在保证数量上，开始就认为绝对不能停止流水线，这样去完善生产体制的话，就会导致人和设备、乃至库存的增加，最终造成成本上升，与企业原来的目标相背离。在这个意义上说，监督者就要辛苦一些，满足两方面的需求，从而保证这个流水线持续运转下去。

异常管理

那么监督者具体应该以怎样的方法改善流水线，做出既保质保量、又保证成本的好产品呢？

首先我们来考虑一下管理方法。我们发现，监督者的管理对象非常多，作业者、工作的分配、操作指导、品质、生产计划的达成及变更、设备、安全、库存、材料配置等等，全部实行的话，即使有三头六臂也不够用。

在丰田生产方式中，这些完全都标准化了，监督者只是把偏离标准的东西作为管理重点，也就是说实行的是异常管理。

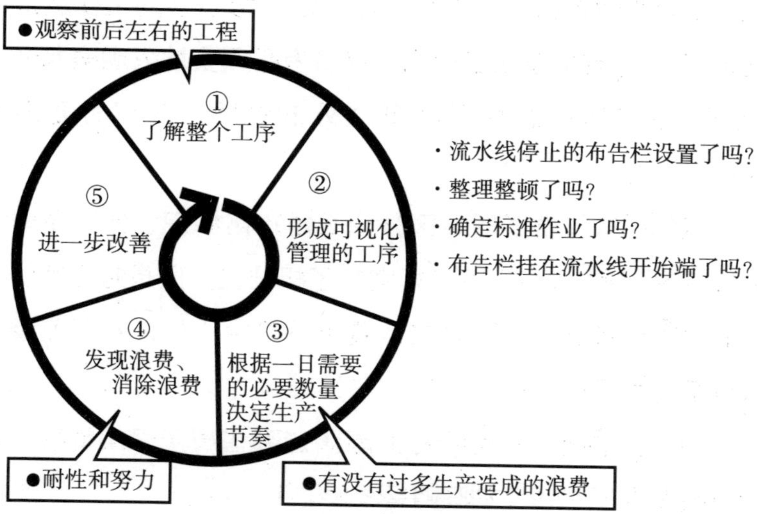

图9－3 异常管理

这里所说的标准化，从作业方面说的话，就是全面实行标准作业，并且严格遵守各个程序；在材料和库存上，是要明示放置的场所和数量；关于装置的指示有布告栏；关于安全，有使用操作基准……如此等等，制定了各种各样的规则，部下必须都按照这个实行。

这样，就把现场的一切进行了整理，所有人员按照规则实行，然后把这些规则外的现象作为异常问题来处理。 前面的工作做得越彻底，监督者对于管理的重点也就越清晰。

所以，监督者必须首先做的，就是自己流水线的完善。详细一点说，就包括标准的设定；材料、零件等的放置场所、数量的决定；看板的设定；开始按钮和停止按钮的设置等等。

带有监督者意志的规则一经决定，接下来的工作就是如何运营了。 现场发生了什么，监督者必须实地去观察判断。如果发生了自己意料和准备之外的事情，就有必要采取对策。

这个时候，重要的是区分什么是正常情况、什么是异常情况。 一条流水线好不容易实行了标准化，但是对异常状况不清楚，或者是发生了异常也装作没发生一样，对于监督者来说都是失职的。

为此，必须努力使所有人都清楚哪些属于异常情况，因为具有发现异常情况的眼睛是改善的第一步。

假设现在 A 君作业有一些空闲。 他每天都有待工。 于是在他的后面，零件堆积如山。 他也就有时间做标准作业以外的其他工作。 这些都是异常情况。 A 君工作量显然不足。

另外，B 君在规定时间内不能完成作业。 或是停止流水线，或是因偷工减料出现了品质不良的产品。 这同样也是异常情况。不言而喻，B 君工作量过多，如果同样是 B 君的工作量，A 君就能在规定的时间内做完，那么就说明 B 君的监督者所做的指导工作还不够。

C 君做的是为自动传送做副手的作业（这是标准作业以外的工作），这也是异常情况。通过调查发现，是器具上出了毛病，离了人的工作就会产生不合格的产品。于是监督者就必须立即和技术员联络并进行纠正。

另外，在流水线后，放着布告栏上没有的产品。这也是异常情况。这是因为周期时间设定过快，作业者有很多的空闲时间，或者是后面的工序发生了问题，在他们停止领取货物的时候做了这些工作。以上的情况，对于标准作业的设定者来说都是异常，如果追究原因的话，或是标准本身就不合理，或是材料与零件不良、设备不合适、标准没能遵守等等。但不论哪种情况都是不能忽视的问题。

流水线停止和不合格产品的产生直接与生产量、品质相关，所以看到这些情况立刻就明白了那是异常。但是，与提高成本相联系的异常情况，因为有轻微的浪费和违反标准作业的现象，也要重新考虑。这些都是改善、降低成本的重要的线索。无论多么微小的细节都不能放过。

像这样，标准化→发现异常→追究原因→改善→标准化的周期运转，都体现了监督者的作用，围绕着这些工作持续进行下去，就能发挥解决矛盾的技能，确保质和量，并降低成本。

监督者的心理

为了发挥监督者的作用，现在简单地说几个必要的条件。

其一是时常去现场看看。作为监督者，却不去看流水线，对现场发生的事情漠不关心，无疑是失职的。之所以这样说，是因为自己决定的标准不能去检验，所以也不能区别正常和异常情况，当然也不能期望有所改善了。

其二是做好指导部下的工作。为了让部下按照自己的意思去做，就要时常培训。如果只是介意一些小事，胡乱地生气，就不会形成良好的人际关系。对于即将成为和自己一样的监督者的部下，要进行教导、训练。正是能够创立强势现场的监督者，才能得到部下的信赖。

按照丰田的思考方式，经常会问到这样的问题："这些库存的东西让做了吗？加工完了没有？"不论材料、设备能力、人员如何充足，不能做的东西绝对不能做，这一点非常重要。监督者要有对其部下的领导和统制能力，使部下按照自己的意图推进工作或停止工作。

其三是以广阔的视野进行全局性判断。无论对自己工序的改善多么有利，如果对前面和后面工序有负面影响，或者把麻烦的工序改成向外面订货加工，那么从全局来看，都不能称之为"改善"。

各个流水线的监督者，要考虑到自己是经营这个流水线的人，所以要时常以宏观视野来进行整体管理。

这样，实行标准化推进改善之后，即使自己不在，流水线也能照常无误地运行。能说“没有我也可以”的监督者才是最优秀的监督者。

监督者是全能的

我们时常可以听到这样的问题“监督者进入流水线是对还是错呢”。丰田生产方式会这样回答：“不要总是进入流水线，但是也不要一次也不去。”每天进入流水线的监督者与作业者没什么区别，这是因为，身为监督者，这样做就无法进行重要的管理、改善和培训指导。当然，为了排除故障而要不断地进行作业改善的时候，必须不时进入流水线进行调查。

但是，不能不情愿地进入流水线。监督者的重要作用之一就是为降低工时数进行改善活动。监督者之所以离开流水线去通观整体，是为了实行改善，也是为了推进改善，他必须对作业的难易度和步骤了如指掌。另外还有一些只看看难以发现的浪费现象。

比如，为了对部下进行指导、按自己的想法改变作业步骤或者发现细小地方的浪费等等，如不进入流水线也是不会了解的。有时候，因为作业者缺勤，监督者不得不进入流水线，也不妨说是一种机会。

图9－4　监督者是全能的

认为没有办法才进入流水线，和为了锻炼本领、发现改善点而去是有很大的不同的。后者其实不仅仅是促进改善，也会防止一些经验丰富的人员怠惰的现象。

所以，这是一个比较严肃的问题。如果有进入流水线的机会，监督者必须带着“学习不止，改善不止”的意识来从事流水线的作业。

第十章

海外丰田的现场管理

依据新的劳动协约进行灵活的现场管理

丰田和 GM 的合资企业 NUMMI 是丰田第一次在美国的轿车生产中试用丰田生产模式的公司。

这个合资公司 NUMMI 和全美汽车工会（UAW）间缔结的劳动合约，消除了把丰田生产模式导入美国的一切障碍，使灵活的生产管理变为可能。

现在我们通过该公司生产管理部长的报告来看看 NUMMI 的现状吧。

NUMMI 在 1986 年初实行完全的两班制，全部工人大约 2500 人，那时，85% ~90% 的员工是按时计酬的现场作业者，参加了 UAW，余下的人员是固定工资工人，不是签约人员。

新的劳动协约大致有以下三点：

①UAW 把职务分类细化成 31 类。在 NUMMI，按时计酬的工人只分成下面两类。

a. 第一区分（Division I）：正规的直接工；

b. 第二区分（Division II）：间接工。

这是熟练的工人，由一般保全科、工具和模型保全科以及动力科三类构成。

像这样把职务分类单纯化，分成四个方面，结果是在各自的分类之内，配置的转换变自由了，还实现了多技能员工化。

②从业人员被编成团队。我们这里说的团队，相当于日本的 QC 组合。

各个团队由五到十人的成员构成，其中，也包含按时计酬的团队领导。团队领导和体育运动选手的教练的作用相似。三个或五个团队合并接受小组领导的监督，向他报告。小组领导是最低水平的固定工资监督者，他要向管理人或助理管理者汇报。

在这里值得注意的是，各个团队有各自独立的现场制造、品质、成本、安全以及其他事项，并且对此负有完全的责任，实行自主管理。也就是说，团队自己设定目标，为了达成目标一起行动。团队领导是团队的原动力，他具有圆满完成团队所有工作的能力和知识。他训练队伍的成员、照顾他们、做安全和训练的纪录，关于队伍的管理和技能，他要辅助小组的领导做工作（团队领导在日本丰田是由作为第一监督者的班长担任，在 NUMMI 也一样）。

为了让团队的领导和小组的领导（总共 300 人）更好地理解丰田生产方式，他们全部被送到日本，在丰田的组装工厂接受实地研修。丰田一方也从日本的工厂派遣了 200 人去 NUMMI。作为指导员，他们将在 NUMMI 度过三到四周的时间。另外，24 个处于管理职位的人也被送到 NUMMI，为了确实推行丰田的生产方式，他们要紧跟着各个管理人。

③必须要和工会磋商的生产方式的变更及标准的变更完全自由化，使灵活的生产管理方式成为可能。

与此相连，改善活动也在 NUMMI 利用队员的智慧、通过提案制度自主地进行，机器、材料、作业者的利用乃至生产方式的细节，也不用和工会的现场代表进行联系，都能自由地进行。

除此之外，一般所说的“企业文化（Corporate Culture）”或者经营风气被改变为日本的文化和美国文化的混合体。那是一种相互信赖和互敬的氛围。例如，在办公室里设定开放的区域、有共同的食堂、导入按照先来后到的顺序排列的停车场、排队进行晨操、穿制服、在工厂内设置体育运动的设施、有会议室和足球场等等。

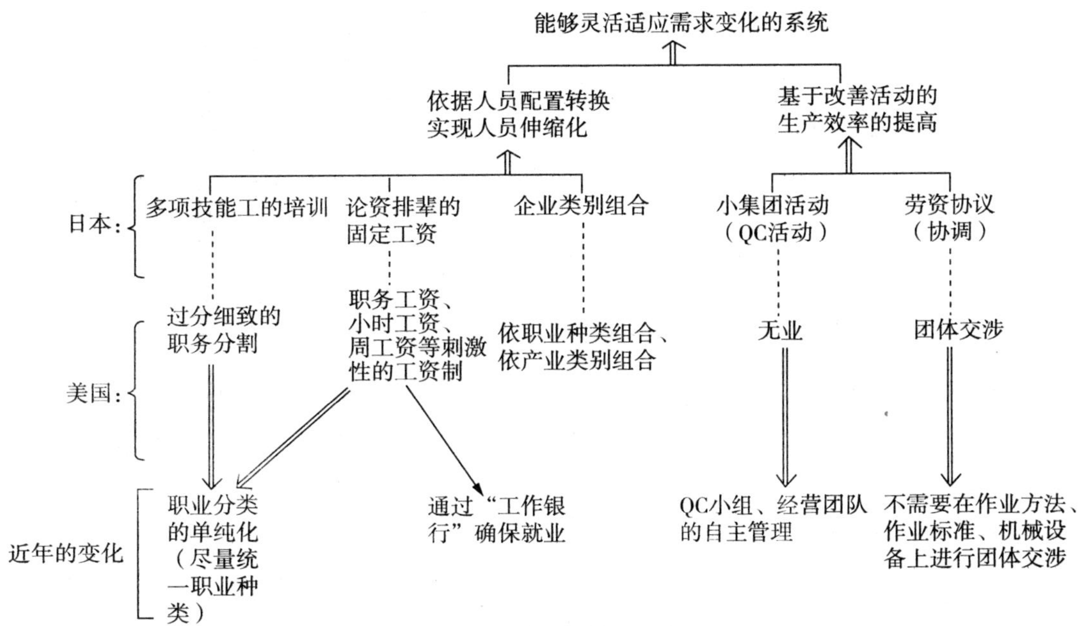

图10-1　日美劳资关系比较

这样的做法，与其叫日美混合方式，在我看来，不如说是日本派的民间全体参加的方式，是丰田系统导入的基础。

为了丰田生产系统的固定化，公式似的新员工培训、训练要按时举行，每天还要召开团队会议。并且，还有诸多关于丰田生产系统独创的概念，例如自动化、改善、自动识别、浪费、5W、平均化、布告栏方式等等，这些都需要学习。

以上所看到的生产变革在美国的轿车生产业界是史无前例并且划时代的，它最大限度地提高了工厂的作业效率。

及时的外部订货交易

在丰田和 GM 的合资公司 NUMMI 中，怎样向外部订货呢？订货交易的惯例和前面提到的劳资关系的惯例，被看作是在海外导入丰田生产方式之际环境上的问题点。

NUMMI 的一些必要零部件，不仅仅由美国供给，而且由在日本的丰田公司越洋供给。

在 NUMMI 生产的小型车的零部件中，大约 1 055 种由日本运来，其中大部分由丰田和其子公司制造。但是，把在日本供应的零部件运到 NUMMI 的窗口，只限定在丰田一个公司。所以，来自 NUMMI 的计划需求量，都只流向丰田公司。

这里，我们的目的是看一下美国的实际状态，所以下面详细地说明一下在美国供应的零部件。

NUMMI 在美国有 75 家供应商，共计供应 700 种零部件。这 75 家公司中，55 家在中西部，6 家在东南部，3 家在墨西哥，11 家在加利福尼亚。

这些零件供应商被认为是 NUMMI 的一员，他们在相互信赖和尊敬的氛围中进行交易。这样轿车厂家和供应商之间的友好关系，在日本是很常见的，在北美则很稀有，为了选定和评价零件供应商，公司还做了一些特别的考虑。

也就是说，品质和价格、位置条件、其他的通常选定基准当然重要，但是供应商之间的协作态度才是决定性的要素。

供应商当然也会被问到是否愿意积极接受非常规的新生产系统。

为了援助零件供应商，NUMMI 在公司内把生产管理、品质管理、制造、购买等等各科的团队成员分组送入供应商。这个团队的成员，进入供应商的公司后对对方进行训练，协助解决问题，实施改善措施，为加强 NUMMI 和零件厂家的关系而工作。

零件供应商的集会定期召开，讨论一些共通的问题，并且互相提供一些关于将来重大决策的信息。

北美的供应商们每周接受必要的供给量的预订。这个预订量是七周时间的平均化零件供应必要量。这个预备日程表只是一种计划，并不意味着 NUMMI 的交易合同或者确定的订货。

这个预订量或者由邮局告知，或者由零件供应商以电子方式传递。另外，关于七周周次的必要供应量，每周以滚动的方式更新。

但是，作为最终确定的必要供应量，在交货之前只通知一次。通知的渠道有电话、网络等。特定日期交货量在最终必要数量表上加以明示。最后的交货表才是零件厂家的订货合同。

因为基本上所有的零件都要每天交货，所以最终的确定必要量表也每日传达。

这个确定必要量表基于 NUMMI 的生产工程中的实际零件使用量。也就是说，依据 NUMMI 的一日生产中使用的材料和零件的布告卡片，算出实际的使用量。这样计算出来的数量，接着就会在诸多方面运用，并且会加入预订的将来日程表的调整量（来自超额出勤和休息日）。

最后，我们将在外订货交易中日本的惯例和以前美国的一贯做法用图 10－2 来表示，并且，把近来美国的订货交易惯例的变化归纳为图 10－3。

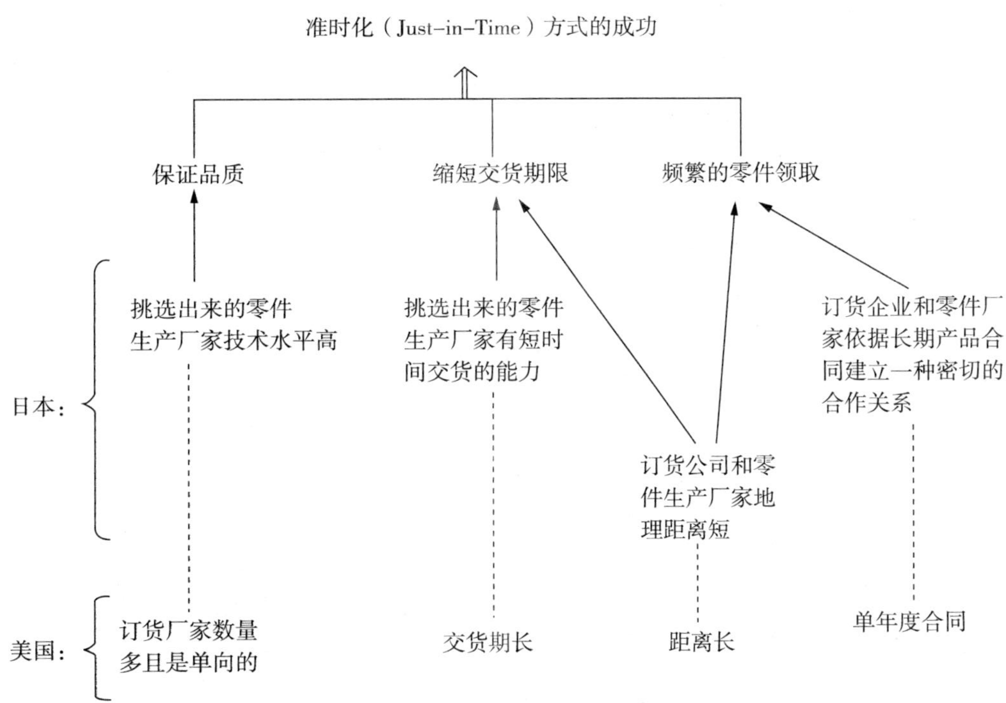

图10-2　日美向外订货比较表

1. 削减零件生产厂家交易伙伴的数量（通过挑选集中订货）
2. 交易合同长期化
3. 降低零件的内部制造的比例（从日本的生产厂家买入）
4. 让零件生产厂家集中在汽车组装工厂的周围（别克城）
5. 设立零件生产厂家的地域协会（日本的 GM 协会）
6. 出现了适应频繁零件交易的零件生产商（NUMMI）
7. 把改善指导组从汽车工厂派遣到零件生产厂家（NUMMI）

图 10－3　美国向外订货惯例的变化

东方出版社助力中国制造业升级

定价：28.00 元

定价：32.00 元

定价：32.00 元

定价：32.00 元

定价：32.00 元

定价：32.00 元

定价：30.00 元

定价：30.00 元

定价：32.00 元

定价：28.00 元

定价：28.00 元

定价：36.00 元

定价：30.00 元

定价：32.00 元

定价：32.00 元

定价：32.00 元

定价：38.00 元

定价：26.00 元

定价：36.00 元

定价：22.00 元

定价：32.00 元

定价：36.00 元

更多本系列精品图书，敬请期待！

图书在版编目（CIP）数据

丰田现场管理方式／（日）门田安弘 著；李伟，李晴 译．—北京：东方出版社，2013.8
（精益制造；21）
ISBN 978-7-5060-6671-6

Ⅰ.①丰… Ⅱ.①门… ②李… ③李… Ⅲ.①丰田汽车公司—工业企业管理—管理方法 Ⅳ.①F431.364

中国版本图书馆 CIP 数据核字（2013）第 189774 号

精益制造 021：丰田现场管理方式
（JINGYI ZHIZAO 021：FENGTIAN XIANCHANG GUANLI FANGSHI）

作　　者：［日］门田安弘
译　　者：李　伟　李　晴
责任编辑：吴　婕　孙　雪
出　　版：东方出版社
发　　行：人民东方出版传媒有限公司
地　　址：北京市东城区东四十条 113 号
邮政编码：100007
印　　刷：三河市金泰源印装厂
版　　次：2013 年 9 月第 1 版
印　　次：2016 年 8 月第 3 次印刷
印　　数：9001—12000 册
开　　本：880 毫米×1230 毫米　1/32
印　　张：8
字　　数：153 千字
书　　号：ISBN 978-7-5060-6671-6
定　　价：32.00 元
发行电话：（010）85924663　85924644　85924641